Philippe Sollers

Improvisations

Gallimard

Aux musiciens

I

I

LE PRINCIPE D'IRONIE

La force de la raison paraît mieux en ceux qui la connaissent qu'en ceux qui ne la connaissent pas.

LAUTRÉAMONT

Il paraît que le « voltairianisme » existe. Cela m'étonne, je ne l'ai jamais rencontré. J'ai vu des rationalistes honnêtes ou bornés; des anticléricaux plus ou moins moisis; des professeurs secs; des fanatiques dialectiques ou pseudo-critiques; des visionnaires du progrès; des hugoliens, des jungiens, des pseudo-freudiens; j'ai vu des thomistes arriérés; des bonzes ou des ânes curés; des marxistes, des kantiens, des moralistes par culpabilité; – j'ai vu beaucoup de fous et de folles, et aussi des fous et des folles, à peine plus calmes, qui disaient les soigner; – j'ai vu beaucoup d'imbéciles, à commencer par moi-même; – j'ai vu des jésuites pas embarrassés; des francs-maçons appliqués, positifs ou négatifs – et même illuminés; – j'ai vu des Juifs profonds, admirables, honteux, accablés, souffrants, triomphants, actifs; – j'ai vu des fascistes et des communistes – les uns devenant les autres, ou réciproquement; – j'ai vu des socialistes ou des libéraux; des révolutionnaires sans révolution, des fonctionnaires pour contre-révolution; – j'ai vu des coraniques, des orthodoxes, toute la série protestante; – bref le clergé mondial, ou peu s'en faut. Mais un *voltairien*, jamais.

Je le jure.

Ce n'est pas que Voltaire, lui – dont nous allons nous occuper un instant – n'ait pas été « voltairien ». C'est tout simplement qu'il n'y a pas de voltairianisme possible. Ce terme a été inventé pour combattre le bourgeois éclairé et retors qui, lui-même, n'a jamais existé. A la longue, l'appellation désignerait n'importe quel nanti, n'importe quel mafieux de la politique à l'œil allumé, n'importe quel *réaliste*, en somme. « Voltaire » signifierait : qui a réussi. Et, je le jure, je n'ai jamais rencontré non plus un homme ou une femme ayant réussi. Réussi quoi? La claire appréciation des fins dernières, sans regret, sans au-delà, sans reste. Gide? Un peu. Sartre? Davantage. Mais que de passions inutiles, que de bruit pour rien.

Baudelaire : « Je m'ennuie en France parce que tout le monde y ressemble à Voltaire. » Quelle idée. Plût au ciel. Mallarmé, plus lucide. « Je place au tabernacle pur des livres français et les *Contes* et les *Lettres* : celles-ci, aboutissement de la langue, en un négligé valant toute nudité. »

Et aussi : « Le concis, ou le dégagé, égale, dans tel billet, la grâce du mobilier bref de l'autre siècle; ou les accords d'Haydn. »

Et encore : « Ardeur dévorée par la joie et l'ire du trait qu'il perd, lumineux... Jeu (avec miracle, n'est-ce pas ?) résumé, départ de flèche et vibration de corde, dans le nom idéal de – *Voltaire.* »

Un jeune homme m'a raconté récemment qu'on l'avait surpris à lire les *Lettres philosophiques.* « Vous n'y pensez pas », lui dit son professeur, en lui mettant aussitôt dans les mains Lacan, Foucault, Derrida, Duras, Blanchot (j'en passe). « Ne perdez pas de temps ! » Ce jeune homme, soigné par moi, est encore bien malade. Il rêve beaucoup, il se rappelle ses rêves, il voudrait les interpréter, ça ne va pas fort. J'ai eu toutes les peines du monde à le retenir d'entrer dans les ordres –, après qu'il a eu l'idée (c'était après la psychanalyse, l'homosexualité sans danger, la drogue et autres aventures légères) de tâter de l'Orient ou du retour compact de la Bible. Héraclite, parfois, lui apparaissait par bribes. Il entendait Empédocle lui souffler des phrases dans une langue inconnue et lui demander même en allemand : « Suis-je Hölderlin ? » Il osait à peine sortir de chez lui. Paris lui semblait une ville vide et maudite. Les autobus de la rue Vivienne, surtout, allez savoir pourquoi, le terrorisaient. Il était particulièrement déprimé d'avoir à employer encore le français, ce dialecte. Il me disait souvent, un léger sourire égaré sur les lèvres : « Vous ne pouvez pas savoir ce que c'est que d'être *vraiment* en Enfer. » Un jour, je lui citai Voltaire : « Le Paradis est où je suis. » Il eut une convulsion de dégoût. Vous voyez l'histoire.

« Mais Voltaire n'était-il pas antisémite ? » me lance brusquement un sourcilleux lecteur de Heidegger. « Et vous ? » dis-je – « Mon père, ou plutôt mon grand-père, sans doute, mais pas moi. » « En êtes-vous sûr ? » insistai-je, votre grand-père était-il *voltairien ?* » – « Je ne sais pas. » – « Comment, vous ne savez pas ? » Il est vrai que mon interlocuteur n'en était qu'à sa dixième année de divan. C'est peu. Attendons la suite.

Bien entendu, je ressemble au jeune homme dont je parlais. Tout le monde m'a toujours déconseillé de lire Voltaire. A la longue, un auteur aussi unanimement critiqué m'intrigua. Pour les uns, il était trop Panthéon. Pour les autres, pas assez. Bref, il n'avait que des défauts. Cependant, en les écoutant, je regardais mes interlocuteurs vivre. C'est une vieille habitude que j'ai. Il me parut peu à peu que leur existence quotidienne n'était pas à la hauteur de leurs jugements. Voltaire me devint, en secret, sympathique. Je me disais avec candeur : « Il n'est pas impossible que tous ces braves gens, au fond, aient quelque chose de très simple à cacher. » Le cours accéléré des finances me paraissait aller dans ce sens. Avais-je tort ? Ce dont j'étais sûr, en revanche, c'est que ce nom ne laissait personne indifférent. Je résolus de savoir pourquoi. Je le sus. Je connus surtout mon ignorance.

Nous avons assisté à la destruction de la raison, dites-vous ? Sans doute, sans doute, mais qu'entendez-vous par là ? La raison n'a jamais été *construite*, il n'y a jamais eu, c'est trop évident, que des acteurs de la raison sur la scène déraisonnable du monde, et quant à « déconstruire » la métaphysique – comme si tout le monde pensait métaphysiquement, au lieu d'être aux prises avec une substance beaucoup plus immédiate et résistante qui est l'avidité même de la bêtise –, c'est là un tour de passe-passe qui peut amuser un moment, mais soyons sérieux. Il y aurait eu, à un moment donné, destruction de la raison présente ? Quand ? Où ? Comment ? Quels sont ces méchants sans prédécesseurs qui tout à coup, alors que tout allait bien, sont venus dans nos bras égorger le bon sens, le progrès, l'alliance harmonieuse de la science et de la conduite humaine ? Voltaire n'arrête pas de dire que la raison a, et aura toujours, très peu de partisans ; qu'ils seront toujours persécutés ; on ne fait pas plus pessimiste que lui (plus je le lis, et plus Pascal me paraît rose), rien à faire : il est entendu, une fois pour toutes, qu'il y aurait eu un *règne de la raison*. Les révolutionnaires avaient si peur de la raison qu'ils ont essayé d'en faire une déesse chargée, je suppose, d'accoucher périodiquement de l'Etre Suprême. Quant au rationalisme ultérieur, je considère comme démontré qu'il comporte *toujours* une part d'occultisme dont je ne trouve pas un milligramme chez Voltaire, quel repos. Bon, bon, je vous permets de me citer Sade et Casanova, mais personne ne peut lire Sade s'en s'empêtrer (vérification banale), ni Casanova sans pleurer sur l'inutilité de sa propre biographie morose. La raison marxiste ? Déraison pratique. Freudisme ? Marée noire redoublée. Non, il n'y a pas de « voltairianisme », mais, en vérité, beaucoup de lourdeurs.

Tiens, je le prends par la fin. Voltaire, par ses dernières années, sa correspondance. En quoi est-il si gênant ? C'est qu'on ne peut pas l'inventer, le dramatiser, le pathologiser, combler des trous mystérieux dans son emploi du temps, faire un film à partir de ses masques, de ses mystères, de son absence d'image, des censures dont il aurait été l'objet, de la tragédie de son agonie, de ses manuscrits disparus, de sa folie ultime, inarticulée, paraplégique, suicidaire. Impossible de lui réinjecter du pathos, pas la moindre mère archaïque à son chevet, il ne revient pas aux entrailles, que voulez-vous. Sa multiprésence est accablante, on a l'impression qu'il a deviné que *le problème serait là* et qu'il a pensé à tout en verrouillant bien l'ensemble des références. On ne peut pas se *loger* dans Voltaire, il tient tous les fils, c'est le correspondant intégral. Tout le monde peut le voir dans sa retraite, rien dans les mains, rien dans les poches, mais le courrier est déjà parti quand les visiteurs arrivent. Une poste si enchevêtrée que la censure (celle de son temps, mais aussi la nôtre comme celle du futur) aura le plus grand mal à s'y retrouver. Et pourtant, c'est tout simple. Evident. Sous vos yeux. Voltaire, plus fort que Poe – ou la lettre volée des siècles. L'antipolicier pur. Le règne de la raison n'a jamais eu lieu, mais celui de la police, lui, on peut en être assuré. Pouvoir très concret, incessant. Eh bien, Voltaire est comme lui : précis, sans interruption, poudroyant. « Je suis né pour le combat. » Il aurait dû mourir en naissant, ou peu après, on s'en souvient : il sera l'homme qui n'en finit pas de mourir. Un cas.

L'intrigue n'a qu'à bien se tenir. De toute façon, elle fonctionne toute seule. Saint-Simon l'a vue, l'a écrite; Saint-Simon, ce contemporain du premier Voltaire. L'énigme, moderne par excellence, est, et va rester, le siècle de Louis XIV. Le duc meurt en 1755, première édition scientifique des *Mémoires*, en vingt volumes, en 1856, un an avant *Madame Bovary* et *Les Fleurs du mal.* Mais l'opération Saint-Simon a lieu en différé, elle doit être poussée en direct. Voltaire sait qu'il est le premier – oui, le premier – à *enjamber du siècle.* Celui de Louis XIV, en effet (et pourquoi pas, en même temps, Louis XIII, Henri IV), et les deux suivants, au moins –, ce serait la grosse surprise, pas du tout divine, logique. Il inaugure une nouvelle ère, pas moins. Voltaire christique ? Mais oui, il ne compte même pas sur douze apôtres : quelques complices (les « Bertrands », d'Alembert et Condorcet, par rapport auxquels il est « Raton »), deux souverains à faire tourner en bourriques (Frédéric, Catherine), des éditeurs plus ou moins à l'heure (jamais assez), des messagers (suspects une fois sur deux, on les change). Voltaire s'est organisé « à la jésuite », tout simplement parce que c'est là un modèle d'organisation dont il prévoit qu'il sera copié (ô combien !). C'est la guerre. Comme l'humanité aime – et aimera – les défaites dans la réalité (Dante, Machiavel, Rousseau, Kafka) ! Voltaire n'est même pas battu, il n'a pas à gagner (on le fera triompher de force), il a un objectif plus trivial : *gagner des procès.* Pas n'importe lesquels. Quelque chose a été truqué au nom de la Loi, on ne le fera pas taire là-dessus (la lubricité, dira Sade d'un mot de feu, dirige ces matières), il est terre à terre, il multipliera les voltes autour du silence, il fera le désinvolte tant qu'on voudra jusqu'à ce que ce qui se terre soit débusqué, il est pressé mais il a tout le temps, il y revient quand il faut, il ne lâche jamais sa proie, rat parmi les rats, déguisé en rat, littérateur jusqu'à la moelle, c'est littéralement un *littérathon* (comme on dit marathon, téléthon). Jamais las, jamais résigné (« les sentiments augmentent avec l'âge »), « Raton » se hâte, il faut « tirer les marrons du feu », mais attention : sans se brûler les pattes. Surtout pas de martyre, à bas la religion des religions : celle du martyre, tel est l'article numéro un de la littérature considérée *enfin* comme souveraineté présente en action. Quand il le faut, Raton s'envole. Après tout, ce n'est qu'un « globule », la terre. Vous voyez bien qu'il est malade, lui, retiré, ratatiné, en exil, loin de tout. Vous devez bien comprendre qu'il ne pense qu'à la mort. *Verba volant?* Lettres volantes. On va écrire dans l'air ce qui se tait. Le faux jugement constant. Le tribunal viscéral se trompant dans des occasions solennelles. L'infâme, mécanique et persistante manie de juger.

Barthes, en 1964 (texte servant de préface aux *Romans et Contes,* Folio, 1972) :

« En somme, ce qui nous sépare peut-être de Voltaire, c'est qu'il fut un écrivain heureux. Nul mieux que lui n'a donné au combat de la Raison l'allure d'une fête. Tout était spectacle dans ses batailles : le nom de l'adversaire, toujours ridicule, la doctrine combattue, réduite à une proposition (l'ironie voltairienne est toujours la mise en évidence d'une *disproportion*); la multiplication des coups, fusant dans toutes les directions, au point d'en paraître un jeu, ce qui dispense de tout respect et de toute pitié; la mobilité même du combattant, ici déguisé sous mille pseudonymes transparents, là faisant de ses voyages européens une sorte de comédie d'esquive, une scapinade perpétuelle. Car les démêlés de Voltaire sont non seulement spectacle, mais spectacle superlatif, se dénonçant soi-même comme spectacle, à la façon de ces jeux de Polichinelle que Voltaire aimait beaucoup, puisqu'il avait un théâtre de marionnettes à Cirey. »

Rien à objecter ici, sauf que nous allons écrire, au contraire : en somme, ce qui nous *ramène* à Voltaire, c'est qu'il fut un écrivain heureux. Vous ne vous y attendiez pas ? Moi non plus. Le temps a ses raisons que la déraison prépare. On insistera donc sur : « spectacle superlatif se dénonçant soi-même comme spectacle », chacun devant savoir que la mouche ne raisonne pas bien, à présent ; qu'un homme bourdonne à ses oreilles. Voilà plus d'un siècle qu'on vous l'a dit. En vain, semble-t-il.

1989

II

POUR CÉLÉBRER LA VRAIE RÉVOLUTION FRANÇAISE

Tous les discours sur la Révolution française, et le désir permanent que celle-ci forme un bloc à célébrer ou à récuser, manifestent une hésitation à interroger la Terreur. Or, il me semble qu'au lieu de se poser sans cesse la question de la Révolution, il serait préférable de se poser celle de la Terreur. La Terreur est un vrai bloc, elle. La façon d'éviter l'interrogation sur le phénomène de la terrorisation me semble aujourd'hui particulièrement significative. Voilà la raison pour laquelle, à propos de la Révolution française, j'ai tendance à dire que les Capétiens et les Jacobins se renvoient la balle et que la Gironde est toujours non théorisée. De telle sorte que nous vivons dans un pays très bizarre où la Gironde n'arrête pas de gouverner, d'être l'âme même de la République (c'est en ce moment, de nouveau, très frappant, et cela se fait dans un consensus quasi général), et où il est comme interdit d'en parler. Voilà une République et un peuple qui parlent toujours en termes de fondation religieuse de leur existence, en termes de légitimation symbolique, sans prendre acte de leur pratique réelle. La pratique réelle est girondiniste, indubitablement; et ce qui est passé dans l'esprit de la culture française, c'est cette France dont on parle si peu, qui est coagulée de façon effervescente dans *Les Folies Françaises*[1], roman que je pose sur la table comme exemple de ce qu'on peut faire avec tout ce qu'il y a d'ultra-positif, en termes de liberté, dans notre culture, dans ce qu'il faut bien appeler le *génie* français.

Je me suis amusé à montrer, dans ces *Folies*, que la situation de la fin du XVIIIe siècle est déjà là, entièrement, au XVIIe, dans les deux phases principales du règne de Louis XIV. La première phase que je nomme Molière, et la dernière qui s'appelle Madame de Maintenon et Racine. La phase de comédie et la phase de tragédie. Certes, Molière a triomphé de tout, mais il se trouve que la célébration du secret d'Etat, la symbolique du pouvoir, est toujours posée en termes de Racine-Maintenon-Louis XIV. Il y a encore aujourd'hui des pouvoirs féminins sombres qui rêvent de devenir, par exemple, la Maintenon d'un président de la République. Nous y reviendrons peut-être un jour. Tout cela baignant dans une sorte de vision du monde tragique où la plainte mélancolique et la douleur seraient derrière les rênes mêmes de l'Etat. Le théâtre met très bien cela en scène. La Révolution française a été un grand théâtre. Et, précisément, qui avait peur du théâtre? Les terroristes. Quand Saint-Just, dans son discours contre les Girondins, dit – et il va les faire tous arrêter et

1. Gallimard, 1988.

exécuter : « *ils parlaient en faveur de la liberté des théâtres!* », je crois que c'est un mot qui va très loin et que cette théâtralisation, cet épisode où se rejouent en peinture et sur la scène même de la vie sociale tous les fantasmes, toutes les accumulations de représentations antiques, signe quelque chose d'essentiel. C'est pourquoi j'ai proposé, en effet, d'appeler Révolution française, de façon symboliquement très forte, Molière, Fragonard, la Gironde et Sade; et contre-révolution française, la Terreur, qui a essayé d'empêcher la liberté extrême, *l'individualisation* extrême des corps humains opérée vers la fin du XVIIIe siècle. Il est fort possible que l'individualisation des corps, dans leur légèreté pour rien, entraîne fatalement des retours de manivelle, une impossibilité d'accepter (soyons freudiens deux secondes) cette dissolution, merveilleuse, du temps et du lien social. C'est probablement à ce moment-là qu'il y a des tentatives religieuses de faire *reconsister* le lien social. La question de la Révolution est une question religieuse, comme celle du christianisme (que se passait-il dans les derniers jours de l'Empire romain?). Tant qu'on ne va pas au cœur *religieux* des choses, c'est-à-dire, cette fois, d'une religion qui serait fondée sur la Terreur (la mort en est le Maître Absolu), on ne sait guère de quoi on parle.

La religion en question est une religion de la mort. Il faut la poser comme telle. La mort devient donc le maître par rapport à quoi tout est mesuré, s'équivaut, et de là se trouve prise l'énergie qui fait consister les corps et la société. C'est plus ou moins apparent, voilà tout. Dans la Terreur proprement dite, la chose est très visible; ensuite, elle entre à nouveau en clandestinité, mais elle est là, chaque fois qu'on s'y intéresse, au fond des choses, et si vous voulez savoir ce qu'est un adepte de la contre-révolution terroriste, vous n'avez qu'à écouter, dans son discours, le moment d'appel à la mort. On peut appeler ça *le coup du Marat-bout* que vous voyez dans le tableau de David, si explicite : Marat cadavérisé dans sa baignoire.

Je propose donc de regarder, ce qui habituellement n'est pas fait, les projets religieux des terroristes. Je persiste à les appeler terroristes parce que, on va le voir, il n'y a pas grand-chose de révolutionnaire, dans le sens où je l'entends, dans leur programme. C'est même un retour massif à l'Antiquité et à l'archaïsme social qu'ils proposent. Je suggère donc qu'on s'intéresse de plus près au projet religieux lui-même. Pas seulement aux projets de cultes – l'Etre Suprême, la déesse Raison... – mais aux bouleversements du calendrier, des noms propres... Pourquoi fallait-il donc changer le calendrier et surtout de façon si régressive? Ces inventions sémantiques n'ont pas tenu (Fructidor, Vendémiaire...), pas plus que n'ont tenu les projets ahurissants d'appellations des jours d'après des mots marquant un retour profond à la paysannerie (le jour de la truelle, de la brouette...). Napoléon a rétabli le calendrier grégorien sans demander l'avis de personne. Voilà aussi qui mériterait d'être analysé. De ce point de vue, on a peu de choses écrites sur l'Empire, aussi bien sur le premier que sur le second. On a rouvert les églises, on a rétabli le calendrier papal, et un pesant silence s'est installé sur toute cette affaire.

Sur le culte lui-même, on n'a pas non plus beaucoup réfléchi. L'apparition de l'*Etre* comme représentant le point de fuite auquel l'humanité se rapporterait, et le simple fait d'employer le mot Etre (*Sein*), nous en apprendraient beaucoup si nous le surveillions d'un peu plus près, cet Etre dit *suprême* qui vient en remplacement du chrétien, car il s'agissait bien sûr de dé-catholiciser à l'extrême. Ce projet d'un nouveau théâtre, bien, je n'ai rien contre a priori, mais il faut tout de même savoir si ça représentait un progrès ou un régrès. Et si c'était un régrès, il est intéressant d'apprendre si cette régression allait continuer d'insister pour trouver çà et là ses points d'agrippement, et de quelle manière elle chercherait à s'imposer comme progrès. Ça donnera quelques aventures, suites « révolutionnaires » en tout genre, y compris l'islamique, pourquoi pas, et les épisodes à l'Est. Ça peut nous apporter aussi de précieux renseignements sur le fascisme et le nazisme, lesquels furent également des tentatives de fonder de nouvelles religions, ou de les justifier quant à l'Etre. Monsieur Heidegger, par exemple, qui était un révolutionnaire, on ne le dira jamais assez, et qui trouvait qu'au fond Hitler avait *dévié*, qu'il était un peu trop modéré, que c'était le mouvement S.A. qui était vraiment le *Ça* de l'*Etre*, demandons-nous calmement à son sujet, sans pratiquer du tout d'amalgame mais au contraire en ouvrant le tissu et en regardant les veinules, s'il n'a pas trouvé dans l'espèce de renaissance révolutionnaire française, laquelle comme on sait a eu plus de succès en Allemagne qu'ici, un coup d'air, un coup d'Etre, et s'il ne s'est pas logiquement fait la réflexion que ce n'était pas encore assez profond et qu'il fallait aller encore plus loin, plus à la racine. Heidegger a reconnu lui-même qu'il avait sous-estimé la vitalité des églises chrétiennes. Voilà qui est clair. On n'a même pas besoin d'aller jusqu'à l'antisémitisme à proprement parler, encore que cet Etre Suprême traduise de façon quand même assez curieuse le Iahvé une fois..., pour voir qu'il y a là, selon une bonne théorie de la religion, le cœur d'une nouvelle croyance dont la mort serait en quelque sorte le sacrement.

Pour comprendre le phénomène, il faut d'abord lire les œuvres des terroristes. Ouvrez Saint-Just au hasard, qu'est-ce que vous lisez ? Tenez, sur l'éducation : « *Les enfants appartiennent à leur mère jusqu'à 5 ans, si elle les a nourris, et à la République ensuite, jusqu'à leur mort.* » Vous voyez que la mort intervient tout de suite. La mère et la mort... Il y a la mère, la République, et la mort. Un Français doit vivre pour elle, pour elle un Français doit mourir... « *La mère qui n'a pas nourri son enfant a cessé d'être mère aux yeux de la patrie.* » Vous constatez que la *patrie* est bien là en position de *matrie.* Aux Grands Hommes la Patrie reconnaissante. J'ai ironisé une fois, en passant avec mon ami Lautréamont devant le Panthéon : aux petites femmes, la matrie rancunière. « *Elle* (la mère) *et son époux doivent se représenter devant le magistrat pour y répéter leur engagement, ou leur union n'a plus d'effet civil. L'enfant, le citoyen, appartiennent à la Patrie. L'instruction commune est nécessaire, la discipline de l'enfance est rigoureuse.* » On les prend au berceau, et il est bien clair que, pour l'élevage humain, la philosophie (Platon s'était déjà préoccupé de ces choses) est là comme chez elle, avec son Etre

Suprême qui revient se caser comme il peut. L'embêtant, c'est que lorsqu'on refait du Platon, on obtient du faux grec, ou pire du faux romain. L'opération est amusante : on est obligé de bricoler avec un peu d'Egypte, de la Grèce, du romain, d'avant le christianisme bien sûr, tout ça pour monter un Temple. Il faut se débrouiller avec tous ces symboles. Vous saupoudrez un peu de Bible, vous ajoutez un triangle..., et vous concoctez ainsi un petit organisme symbolique dont le disparate s'annonce. Et c'est alors que le mauvais goût est fondé.

Qu'est-ce que le mauvais goût ? Un bazar de pièces rassemblées qui n'ont aucun rapport d'historicité, voire de consistance signifiante entre elles, et qui sont mises ensemble pour faire une stèle en fonction d'un transcendantal qui n'est pas dans sa position d'origine, qui est décalé de son origine. Cet Etre Suprême, c'est bien difficile, par exemple, de savoir en quelle langue il parle, comment il s'exprime, et ce qu'il a vraiment à dire. On s'interroge pendant tout le XVIIe et XVIIIe, les philosophes notamment, Rousseau, Diderot, Voltaire. Comment il parle cet Etre ?... Sade, lui, est tout à fait catégorique là-dessus : en regard de ce qu'il appelle « l'Etre Suprême en Méchanceté », il est pour une émancipation générale, et je préférerais, pour ma part, qu'on mesure un esprit révolutionnaire à son degré d'émancipation. C'est un beau mot, *émancipation*. Qui est émancipé et qui ne l'est pas ? Sade, finalement, est très net sur le symptôme. Quand vous lisez *Français encore un effort...* vous êtes dans l'horizon auquel Sade veut réagir, prônant, tout de suite, une éducation impossible, notamment la nécessité de l'inceste. Provocation de sa part ? Oui, sans doute, mais encore faut-il voir par rapport à quoi. Sade paraît être une sorte d'aérolithe dément tombé d'on ne sait où simplement parce qu'on ne le replace pas dans son contexte. Il faut rationaliser Sade, qui était, lui, la rationalité même. Je continue la lecture de Saint-Just : « *On élève les enfants dans l'amour du silence, et le mépris des rhéteurs.* » Le projet est très conventuel, n'est-ce pas ? Amour du silence et mépris des rhéteurs... Les pauvres Jésuites en tombent de haut, car la rhétorique c'est tout de même l'art de la relativité. La rhétorique, à laquelle – ai-je besoin de le dire – je suis très attaché, ne s'oppose pas au silence, au contraire, elle est l'art de le ponctuer dans la relativité des discours. Le mépris des rhéteurs, voilà tout un programme ! On peut dater de cette époque-là le déclin de la rhétorique. Pendant encore un siècle, vous aurez cette merveilleuse armature qui nous conduit jusqu'à Rimbaud, Lautréamont. Qu'est-ce que Lautréamont sinon, dans un monde atroce, mièvre, emphatique et privé de rhétorique, l'apologie de la rhétorique *pour* la rhétorique ? Envoyez aujourd'hui les *Poésies* de Lautréamont tapées à la machine à des éditeurs, elles seront refusées partout. On pourrait d'ailleurs publier les lettres de refus, ce serait drôle. Vous voyez que là, avec ce projet de loi de Saint-Just, est enclenchée la régression indubitable. « *Ils* (les enfants) *sont formés au laconisme du langage.* » Laconisme du langage, nous ne sommes pas contre, comme *une* des figures de la rhétorique, mais dès que cela va devenir l'appauvrissement général du discours, on peut juger de la nature du projet. Vous n'avez qu'à, aujourd'hui, écouter parler, comme on dit, un *cadre*.

« *On doit leur interdire les jeux où ils déclament, et les accoutumer à la vérité simple.* (...) *Les enfants ne jouent que des jeux d'orgueil et d'intérêt; il ne leur faut que des exercices.* » Le texte de Saint-Just est remarquable, tout y est bien dit. L'auteur n'est pas un fou, il tape aux endroits sensibles. A sa façon, il est un génie. Tous les révolutionnaires, d'ailleurs, sont des génies. Le tout est de savoir si leur programme nous plaît. La rhétorique sert à quoi ? A mettre, en effet, en perspective l'orgueil et l'intérêt qui sont les deux grandes passions humaines, c'est-à-dire à les relativiser. Est-ce que, par « la vérité simple », on va pouvoir se dégager du narcissisme, des pulsions d'orgueil et d'intérêt ? Ou bien, est-ce qu'un jour, nouveau Tartufe, l'apologiste de la « vérité simple » sera, en lui-même, plein de rhétorique, d'orgueil et d'intérêt, mais fera semblant de parler la vérité simple ? Il est évident que ce nouveau personnage de la tartuferie moderne – et là, nous avons besoin de Molière – ne sera plus le même Tartufe. Il suffit de savoir le remettre en scène. Le voici donc drapé en vérité simple qui se dit simple et qui est bourrée, mais en silence, car la rhétorique ne s'évacue pas comme ça, d'orgueil et d'intérêt.

« *Les enfants mâles élevés depuis 5 jusqu'à 16 ans par la Patrie* (...). *Les enfants sont vêtus de toile dans toutes les saisons, couchent sur des nattes et dorment huit heures.* » C'est le côté spartiate qui revient. Pourquoi leur interdire les étoffes ? Pourquoi les nattes ? Interdiction du lit. Or, qu'est-ce que c'est qu'un adulte un peu conscient ? Un enfant qui a connu de bons lits. « *Ils sont nourris en commun et ne vivent que de racines, de fruits, de légumes, de laitages, de pain et d'eau.* » Passons maintenant à l'éducation : « *L'éducation des enfants depuis 10 jusqu'à 16 ans est militaire et agricole.* » Pas question de musique, par exemple. « *Ils sont distribués en compagnies; ils deviennent des légions.* » Ah! une bonne mesure : « *Ils apprennent les langues.* » Mais les apprennent-ils avec ou sans rhétorique? Tout cela est contradictoire. « *Ils sont distribués au laboureur pendant le temps des moissons.* » Déjà l'envoi à la campagne, comme en Chine. « *Tous les enfants conserveront le même costume jusqu'à 16 ans. Depuis 16 ans jusqu'à 21 ans, ils auront le costume d'ouvrier. Depuis 21 jusqu'à 25, celui de soldat, s'ils ne sont pas magistrats.* » Voyez comme, dès l'origine, est dissuadé l'esthète, voire celui qui aurait des goûts un peu trop féminins. « *Ils ne peuvent prendre le costume des arts qu'après avoir traversé, aux yeux du peuple, un fleuve à la nage, le jour de la Fête de la Jeunesse.* » Inutile de vous dire que moi, pas plus que Proust, je ne serais pas là. J'ai su nager très tard : je me serais noyé. Et attention! aux yeux de tout le peuple..., sinon pas question de vous mettre le costume des arts. Tout de même, ces textes que je vous lis, est-ce que je rêve, on n'en parle pas souvent. C'est un scoop! Je poursuis : « *Les filles sont élevées dans la maison maternelle. Dans les jours de fête, une vierge ne peut paraître en public, après 10 ans, sans sa mère, son père ou son tuteur.* » (Bonjour Nabokov!) Cela est écrit au moment même où Sade est en prison. La seule question reste : est-ce que ce fut un progrès ou un régrès par rapport à la société plutôt dissolue du XVIIIe siècle (*cf.* Casanova, notre reporter le plus précieux de l'époque, Casanova qui n'est pas du tout contradictoire avec Sade, au contraire, puisque Sade était enfermé, ce qui lui a permis de nous donner la grande, l'admirable vérité de l'enfermement, alors que Casanova, lui, s'est faufilé partout).

Chapitre des « Affections » : « *Tout homme âgé de 21 ans est tenu de déclarer dans le Temple...* (très important le Temple, n'oublions pas que le peuple français reconnaît l'Etre suprême et l'immortalité de l'âme), « *les premiers jours de tous les mois sont consacrés à l'Eternel* ». Etre suprême, immortalité de l'âme. Eternel..., il faudrait ouvrir un séminaire pour savoir comment tout ça fonctionne, notamment par rapport à l'ancien truc : la Trinité et la Résurrection des corps. « *L'hymne à l'Eternel sera chanté par le Peuple tous les matins* », voyez-vous. Quelque chose comme : Eternel, nous voilà!... Et, j'insiste : dans les Temples. Toutes les fêtes commencent par lui. Mais je continue : « *Tout homme âgé de 21 ans est tenu de déclarer dans le Temple quels sont ses amis. Cette déclaration doit être renouvelée tous les ans dans le mois de Ventôse.* » Voilà un texte assez ventouseur, non? Ah! l'immortalité de l'*âme-itié*... Très importante, l'amitié à cette époque; elle prend une fonction de délire sacré, alors que les désordres, les liaisons de l'amour, sont automatiquement passés à la trappe. Ce qui a dû paraître aux contemporains une énorme révolution, mais pas forcément un progrès. Sade, lui, à l'époque, ne devait pas avoir beaucoup le temps de s'occuper de l'*âme-itié* et de son immortalité; il avait d'autres préoccupations, par exemple de savoir comment le fait de découper les corps faisait jouir. En pensée, n'est-ce pas, bien sûr, alors qu'il aurait dû, lui, se faire trancher la tête, comme on continue de l'ignorer trop souvent. Rappelons-nous le jugement de Fouquier-Tinville cité par Lély dans sa biographie de Sade et qui devait être su par cœur par tous les Français. Sade a bel et bien été condamné à mort, et on ne doit qu'à une petite péripétie de changement de prison le fait qu'il n'ait pas été guillotiné.

Avançons. Ecoutez-moi ça : « *Si un homme quitte un ami, il est tenu d'en expliquer les motifs devant le Peuple, dans les Temples, sur l'appel d'un Citoyen ou du plus vieux. S'il le refuse, il est banni.* » Eh bien ! bannissez-moi et oubliez-moi le plus possible... Je trouve ça beaucoup plus emmerdant que la messe à l'église, voire même que la confession auriculaire dans le secret du confessionnal. La pratique proposée par Saint-Just ressemble un peu à la protestante : la confession publique... Encore qu'il s'agisse, avec notre terroriste, d'une religion particulière qui, en fait, va beaucoup plus loin. « *Les amis sont placés les uns à côté des autres dans les combats.* » Vieille tradition des légions romaines, et on retrouve ça chez les SS. « *Ceux qui sont restés unis toute leur vie sont enfermés dans les tombeaux.* » Décidément, on n'a la paix nulle part. « *Si un homme commet un crime, ses amis sont bannis.* » Non, non, ne riez pas, c'est sérieux... « *Les amis creusent la tombe, préparent les obsèques.* » Je vous le disais : la mort, toujours, partout, comme maître absolu de l'amitié. L'amitié forte comme la mort. Avant, bibliquement, c'était l'amour, mais l'amour avec les terroristes n'est pas tellement à son affaire. « *Ils sèment les fleurs avec les enfants sur la sépulture. Celui qui dit qu'il ne croit pas à l'amitié ou qui n'a point d'amis est banni.* » Marcel Proust est banni, à cause de ses déclarations, bien connues j'espère, contre l'amitié. Pressons un peu : « *L'homme et la femme qui s'aiment sont époux.* » Ouf ! tout de même..., mais pas question de libertinage. N'oublions pas que, dans la catégorie des êtres à éliminer (car chaque société délire aussi sur ses exclus, et j'en profite pour lancer un *SOS-racisme* rétrospectif), il y a les aristocrates, les fanatiques (ceux de l'ancienne religion, prêtres et assimilés, les croyants dans l'ancien Etre devenu non suprême) et puis les libertins. Ce qui m'a permis de dire que si vous étiez à la fois aristocrate, catholique et libertin, vous étiez guillotiné trois fois.

Passons aux fêtes, aux rituels, il en fallait. Surtout en un moment où la religion catholique était parvenue à un état de merveilleuse décomposition. Cette religion catholique avait *enfin* abouti à ce qu'elle doit être : *le moins de religion possible*, chose que, probablement, l'humanité ne peut pas supporter. A un moment où le catholicisme était arrivé à son sommet, à savoir la dissolution de tout esprit religieux (vous voyez que je ne suis pas pour reprendre Simone Weil), à un moment, donc, où ce qui fait la grandeur du catholicisme : prendre la chose masochiste en son tréfonds, dans l'abîme de la mort et de la souffrance, et la transformer par une alchimie subtile en rosée inessentielle, – il a soudain fallu remettre de la contrainte. J'évoque le masochisme pour faire rire Sade dans sa prison, Sade à qui ce cirque devait quand même paraître extraordinairement fou[1].

Les Fêtes : « *Le premier jour du mois de Germinal, la République célébrera la Fête de la Divinité, de la Nature et du Peuple. Le premier jour du mois de*

1. Cf. *Contre l'Etre Suprême*, Quai Voltaire, 1989.

Floréal, la Fête de la Divinité, de l'Amour et des Epoux. Le premier jour de Prairial, la Fête de la Divinité et de la Victoire. Le premier jour du mois de Messidor, la Fête de la Divinité et de l'Adoption. Le premier jour du mois de Thermidor, la Fête de la Divinité et de la Jeunesse. Le premier jour du mois de Fructidor, la Fête de la Divinité et du Bonheur. Le premier jour du mois de Vendémiaire, le public célébrera dans les Temples la Fête de la Divinité et de la Vieillesse. Le premier jour du mois de Brumaire, la Fête de la Divinité et de l'Ame immortelle. Le premier jour du mois de Frimaire, la Fête de la Divinité et de la Sagesse. Le premier jour du mois de Nivôse, la Fête de la Divinité et de la Patrie. Le premier jour du mois de Pluviôse, la Fête de la Divinité et du Travail (travail, famille, patrie, oui, oui!...). *Le premier jour du mois de Ventôse, la Fête de la Divinité et des Amis* », etc. On n'en peut plus!

Les vieillards, eux aussi, sont intéressants. Pour eux, comme pour tous, tout se passe au Temple. Est-ce qu'on avait envisagé de transformer toutes les églises en Temples? Je suppose que ce devait être prévu au programme, avant que celui-ci ne parte en fumée. « *Les Citoyens s'assemblent au Temple pour y examiner la vie privée des fonctionnaires et des jeunes hommes au-dessous de 21 ans.* » Heureusement, toutes ces choses n'ont pas pu avoir lieu, du moins au grand jour. Mais rien ne nous interdit de rêver et de penser que de tels examens se font peut-être encore dans des Temples imaginaires. Je tourne la page, et je tombe sur cette phrase de

Saint-Just que je suggère d'écrire en capitales : « ON N'ÉCRIT POINT CE QUI SE PASSE DANS LES TEMPLES. » On est là aux antipodes de la magnifique scène de la *Juliette* de Sade. Presque par contrepoids à une proposition de ce type, Sade prend le Pape vivant et lui fait accomplir une orgie sanglante sous le baldaquin du Bernin. « *On n'écrit point...* », je vous le mets en parallèle à « *ils parlaient en faveur des théâtres* » ou bien : « *on apprendra aux enfants le mépris des rhéteurs* ». Ai-je besoin d'insister... ? Ces Temples fonctionnent comme des tribunaux. Il y a une instance là qui pèse. Laquelle ? La Divinité, l'Etre suprême... ? Comme on n'a pas encore le nouveau cathéchisme, il est difficile de savoir exactement de quoi il s'agit. L'Etre suprême, c'est peut-être le premier qui arrive et qui dit « *c'est moi !* ». Ça pourrait être aussi la première pouffiasse venue qui déciderait qu'elle est en contact avec l'Etre suprême et qu'il parle à travers elle. Ça se verra plus tard. Il y aura des gens qui penseront entrer en contact avec l'Etre suprême. Des poètes, par exemple. Hugo entre en contact avec Dieu, il lui parle, l'autre répond. Et pourquoi ça ne serait pas vous, ça ne serait pas moi ? Il suffit, en somme, d'avoir une très grande gueule pour imposer son vertige. Ne me dites pas que par la suite les exemples ne vont pas abonder. Entrée des médiums... En littérature comme ailleurs. Que de cinglés ! Je vous amène d'ailleurs, progressivement, à la pouffiasse sibylle ou oraculaire, Duras, par exemple, avec sa grosse voix saccadée. Elle se profile vite, celle-là. « *Les femmes ne peuvent être censurées.* » Comme c'est passionnant de se mettre dans la tête des terroristes, ce que personne ne fait, allez savoir pourquoi. On avait donc : « *On n'écrit pas dans les*

Temples » et voilà maintenant : « *Les femmes ne peuvent être censurées* ». Tiens donc ! Et pourquoi ? Seraient-elles la censure en soi ? Ce n'est pas impossible. Il faut le mettre sur un divan ce Saint-Just. Est-ce que je serais le premier à le faire ? « *Les rites des différents cultes seront respectés dans les funérailles.* » Ainsi, ce n'est que dans la mort que la liberté des cultes est observée. Dans la mort, nulle part ailleurs. On se demande, d'ailleurs, comment les différents cultes pourraient être respectés dans la mort, s'ils sont par ailleurs, dans la vie, interdits et regroupés dans celui de l'Etre suprême. Il y a là un de ces sophismes qui indique bien sur quoi l'édifice repose, à savoir que la mort intervient comme *le* Maître absolu de l'Etre suprême.

« *Les cimetières sont de riants paysages.* » Et : « *L'oisiveté est punie.* » Ubu-Roi vient de cette région : tout cela est de la pataphysique, bien sûr.

Les arts, maintenant. « *Bien que la République honore les Arts et le Génie...* » On se demande lesquels, sans théâtres, sans rhétorique... Les arts, dans les Temples ?... Les églises, on permettait aux gens d'écrire dedans ; ça a donné ces graffitis qu'on appelle la peinture. Il en reste quelques traces, non négligeables : Titien, Greco, Tintoret, Giotto... « *Tous les citoyens rendront compte chaque année dans les Temples de la situation de leur fortune.* » Mieux vaut le savoir. Mais enfin, si je vous dis que l'Administration générale des impôts, le percepteur, ont aujourd'hui une fonction qui est considérée comme sourdement sacrale, vous dirai-je une énormité, ou bien est-ce que je toucherai à une suite logique, diffuse, symbolique, de cette proposition de loi ?

Le Temple, le Temple... Jamais vous n'avez lu en français, jamais vous ne lirez plus autant de fois dans un texte le mot *Temple.* Sa fréquence est là tout à fait saisissante pour les historiens de la langue et de son usage. Mais avançons : « *Nul ne mangera de chair le 3*^e^*, le 6*^e^*, le 9*^e^ *jour des Décades. (...) Les enfants ne mangeront pas de chair avant 16 ans accomplis.* » Tout de suite après la chair, car il s'agit de la ligne suivante : « *Sinon dans les monnaies, l'or et l'argent sont interdits.* » Merveilleux inconscient de *Saint-Just*. Et si j'avais envie de faire une œuvre d'art avec de l'or ? Impossible. Il faudra alors couler..., quoi ? Eh bien ! les ciboires, par exemple... Pour les transformer en monnaie... Je saute les passages sur les mœurs de l'armée. Sur la censure, c'est très clair : « *Il faut dans toute révolution un dictateur pour sauver l'Etat par la force* (Napoléon peut se pointer, la porte lui est ouverte) *ou des censeurs pour le sauver par la Vertu.* » Programme de réintroduction de la censure qui, je le signale, en était arrivée en 1788, à quasiment rien. Il faut être sérieux avec cette affaire : si les philosophes français (et depuis on n'a pas fait mieux, contrairement à ce qu'affirme la propagande germanisante) vont donner des leçons à tout le monde en Prusse, en Russie, en Suède, ce n'est pas parce qu'ils étaient vraiment interdits de séjour en France. Oui, *La Lettre sur les aveugles* a eu des petites histoires, mais la censure était probablement arrivée alors à son état minimal. L'humanité peut-elle vivre sans aucune censure ? Sûrement non. Mais il faut savoir de quelle façon il y a articulation entre la représentation des fantasmes, des discours, et la loi. Finalement, les Girondins ont gagné, ce qui est la raison même.

On peut arrêter là les citations, je crois qu'elles sont en elles-mêmes suffisamment éclairantes. On pourrait marquer encore un arrêt sur tel fragment de la magnifique prose de Saint-Just : « *Ce qui produit le bien général est toujours terrible, ou paraît bizarre lorsqu'on commence trop tôt.* » Vous faites un jeu, vous dites : qui a écrit ça ? Staline ? Lénine ? L'imâm Khomeyni ? Hitler ? Goebbels ? Vous êtes sûr, en tout cas, que ce n'est pas la reine d'Angleterre. « Ce qui produit le bien général est toujours terrible... » Mais alors, pourquoi s'occuper du « bien général » ? Il vaudrait peut-être mieux s'occuper du bien particulier qui rejaillirait sur le bien général ? « *L'exercice de la Terreur a blasé le crime, comme les liqueurs fortes blasent le palais.* » Ces braves gens ne sont pas pour l'usage du vin de la Gironde qui pourrait servir à un *crime particulier.* Le palais est emporté par le schnaps. C'est le moment où Saint-Just trouve que la Terreur a pris de la vitesse, qu'il faut des lois, des freins, un peu de théologie, quelque chose qui permette, à cette mort, de lui donner un sens général. Les gens doivent mourir ensemble, voilà le bien général. Saint-Just, comme Robespierre, comme les autres, sent que dans son Temple, où on n'écrira pas ce qui se passe, la mort va trop déborder pour être la bonne mort.

Si j'ai choisi de parler de Saint-Just, c'est pour sortir de l'habituel folklore révolutionnaire sur lequel beaucoup de livres ont été écrits. En quelques instants, on a fait, je crois, une plongée saisissante au cœur du problème. Cette tension, cette intention, il convient de l'écouter pour entrer ensuite dans la tête de ceux qui ont eu, et qui auront, le même asticotage à l'Etre suprême. C'est tout de même extraordinaire, nous sommes ici à la fin du XVIIIe siècle; vous prenez les Présocratiques dans la belle Pléiade qui vient de paraître, ils nous arrivent après 2500 ans, Empédocle, Héraclite, Démocrite, *surtout Démocrite*, et vous allez les lire comme des gens qui vous parlent immédiatement de choses où l'Etre suprême, l'Etre même, est tout à fait problématique, ce qui est préférable à mon sens pour parler une langue originale. Il y a le Grec. Ensuite, puisque nous sommes à l'époque de toutes les révélations, vous pouvez prendre votre Bible préférée, vous y lirez les aventures de l'Etre en hébreu, si ça vous chante (et vous ne serez pas dans le Temple mais à la Synagogue). Rien ne vous oblige à concocter ce mystérieux refoulement de l'Histoire qui s'est produit là, cette fausse synthèse de mauvais goût; rien ne vous oblige à chercher, avec férocité, l'unicité dans aucune langue particulière. Heidegger le sentait, il fallait que ce fût dans *une* langue, et quand il dit l'allemand, il sent bien que si ce n'est pas fondé dans une langue – l'allemand pour tout le monde, l'Etre... aux dépens de l'Hébreu – on allait se trouver dans cette même impasse que celle de la Révolution dont les effets se sont évanouis tout en restant clandestins. Seulement, voilà, ce n'était pas l'allemand non plus parce qu'il y avait ce foutu grec qui tenait dessous. D'où traductions : Hölderlin, Héraclite, Anaximandre... Ah! c'est épatant ça, ça impressionne... Et puis, il y a l'hébreu qui n'est toujours pas dans ce coup-là, quoi! « *Oui, je viens dans son temple adorer l'Eternel.* » Oui-je-viensdans-son-temple-adorer-l'Eternel..., Racine, dites-nous ça pour les demoiselles de Saint-Cyr, soupire Madame de Maintenon. Le roi est vieux, il va être obligé de se remarier... Comme il est loin le temps où on s'amusait tellement bien avec Molière, disciple, avec La Fontaine, de Gassendi, le philosophe que tout le monde devrait connaître, et dont personne ne sait qui c'est, puisque je ne peux pas acheter en librairie un livre de Gassendi! La France, ce n'est pas Descartes, c'est Gassendi! J'ai demandé ses livres, je les ai reçus en latin et... en *russe*! Gassendi participe de la logique du matérialisme et les Russes se sont fendus de ça. C'était dans leur idéologie. Mais, en français, rien. Etrange, non? Gassendi, ici, à Paris, était en dehors de tout Etre suprême. Tout comme Molière et La Fontaine. Molière et La Fontaine sont les écrivains tout neufs que je recommande, donc, pour la période post-révolutionnaire que nous vivons. Telle est ma suggestion au Ministre de la Culture et de la Communication, des Grands Travaux et du Bicentenaire, Ministre du Cinquième Millénaire préparant le Troisième Centenaire, salut, fraternité et santé.

1989

III

L'ÉTHIQUE DU THÉÂTRE

Il me semble que j'ai toujours poursuivi, spontanément et avec calcul, un même objectif : un ensemble d'écrits essayant de donner, sous différents angles (*Le Parc, Drame, Nombres, Paradis...*) l'idée d'un espace rigoureusement irreprésentable. C'est-à-dire de reprendre au théâtre sa structure même de représentation pour abolir toute représentation. Je crois que cela atteint son point culminant dans *Paradis* qui se prête – je le vérifie souvent – à n'importe quelle mise en scène théâtrale, cinématographique ou vidéographique. C'est un texte qui est fait de telle façon qu'on peut le mettre dans toutes les situations et lui faire traverser les corps, les visibilités diverses qui sont là. Le résultat est le suivant : on ouvre le livre, on commence à le réciter comme il faut, je veux dire au point géométrique qu'il faut dans la voix, et les choses du monde ou de la culture s'ordonnent brusquement par rapport à lui. Cette démonstration, je l'ai faite, par exemple, avec Fargier[1], et d'une façon qui pourrait être indéfinie. De temps en temps, on se

1. *Sollers au Paradis,* vidéo de Jean-Paul Fargier.

dit : tiens, on va se servir de *Paradis* pour faire ça ou ça. On va faire la tour Eiffel, on va faire la *Porte de l'enfer* de Rodin, les trains, les avions, Picasso, le métro, la rue...

La nature donc de ce texte reste à définir sans cesse. Les choses s'ordonnent : je veux dire qu'elles prennent presque automatiquement par rapport au texte une nouvelle consistance et quelque chose comme un non-vu de leur facture apparaît sous les mots, avec eux, en consonance matérielle avec le verbal. C'est de la dioptrique. Ainsi, une des premières lentilles que j'ai fabriquée, c'est un petit livre qui s'appelle *Drame*. Je compare mes livres à des lentilles en hommage à Spinoza à propos duquel j'ai toujours dit que je voulais tenter une mise en scène impossible de l'*Ethique* en utilisant uniquement des éléments pornographiques. Voilà la difficulté même. Que je pourrais dédier à Sade dont la spinozité ne fait aucun doute.

Malheureusement, dès qu'on parle de théâtre, la limite qui se présente est toujours celle de la représentation sexuelle où tout le monde s'empêtre et montre sa lourdeur ou son embarras. Il serait donc capital de réaliser cette mise en scène de l'*Ethique*. Ce serait un travail de longue haleine. J'en indique seulement la possibilité pour faire sentir que mon *Paradis* n'a d'autre sens que de fonctionner en résonance avec l'*Ethique* de Spinoza, c'est-à-dire selon la formule suivante : « *Plus chaque chose a de perfection, plus elle est active et moins elle est passive; et inversement, plus elle est active, plus parfaite elle est.* » Il s'agit de donner un maximum d'intensité et de diversité à l'activité du langage.

Récemment, je suis allé avec Fargier devant la *Porte de l'enfer* et j'ai lu un passage de *Paradis.* Voilà une scène de théâtre : l'intéressant, en effet, est que cela a obligé les opérateurs, avec leur caméra, avec cet homme qui parle, et derrière lui cet objet complexe, à faire apparaître que l'œuvre de Rodin est tout simplement une merveille pornographique. Qu'il faut donc s'en approcher, entrer dedans. Il me plaisait d'illuminer cette sculpture; j'ai toujours comparé mon travail de vocalisation plutôt à de la sculpture qu'à de la peinture. Tout à coup, on s'est rendu compte que ces corps plantés dans le bronze étaient en pleine explosion sexuelle. Des choses un peu spéciales pour un enfer..., mais qui ont leur beauté. Il s'agit donc de trouver la machine, irreprésentable, lentille d'oreille, qui va faire apparaître les volumes, les masses, les situations, les intrigues. Le principe de départ est que, quoi qu'il se passe, quelque chose n'arrête pas de se raconter et qu'on ne croit aux apparences de la réalité que parce qu'on est en déficit par rapport à ces racontars-là. Le théâtre, quand il est poussé à cette limite, peut avoir son intérêt. A savoir, faire douter chacun de son existence dans une salle, de telle façon qu'il n'y a que la scène qui semble être vraie. En général, je m'évite d'aller au théâtre car je n'ai aucune envie de me sentir réalisé malgré moi en tant que spectateur. Au bout de dix secondes, je m'ennuie. Si du théâtre était possible, aujourd'hui, cela signifierait que quelqu'un a trouvé, en toute bonne foi, la façon de faire un trou dans la société du spectacle. Mais les gens du théâtre sont des collaborateurs du mensonge. Je me permets donc de récuser tout théâtre aujourd'hui, puisque précisément la question urgente est celle de la théâtralité de tout, à chaque instant. A partir de là, il m'a semblé que la démonstration ne serait pas parfaite si en effet je n'entamais pas des romans figurant telle ou telle ramification de la réalité ou de ce qu'on appelle ainsi. D'où un certain nombre de livres, dont *Femmes*, qui sont apparus comme une rupture, un reniement (tu parles !), alors qu'ils étaient la pure et simple démonstration de l'efficacité de la machine qui est derrière et à laquelle, donc, personne n'a rien compris.

Je vais maintenant parler d'un autre écrivain que moi de façon que ça me rende plus présent, sans quoi on dira encore que c'est moi pour éviter d'entendre ce que j'ai à dire. La question reste toujours – et elle est bien posée par l'écrivain dont je vais parler : pourquoi les gens se défendent de la fiction organisée dans mes romans « figuratifs » en disant que ce n'est pas de la fiction, que ce ne sont pas des romans, avec un grand acharnement, comme si ça les renvoyait toujours à leur scène primitive, c'est-à-dire à leurs rapports non réglés avec leur père ou leur mère. Petit théâtre intime chez tout le monde... Petit théâtre qui passe son temps, et c'est plutôt guignol, à s'agiter autour des divans. Les marionnettes qui ont perdu le sens de la théâtralité de tout sont bien obligées d'aller se mettre en chambre noire, et même s'ils ne font pas des analyses, ils essaient tout de même, par un bout, par un autre, de faire comme s'ils en faisaient une, et voilà le drame bouffon. Ils essaient de se placer derrière la lentille freudienne, qui a certes ses mérites mais qui n'est pas du tout celle dont je m'occupe. Je dirais même que c'en est le contraire. Le contraire en un de ses points.

Dans *La Contrevie* de Philip Roth[1] – et ce titre est déjà tout un programme de la part de quelqu'un qui a une connaissance ironique de la psychanalyse – il est très important que le récit passe à la perpendiculaire de l'affaire juive, que le judaïsme, qui est la construction invisible par excellence, soit convoqué. *La Contrevie*... : eh oui ! Celle-ci est-elle possible ? voilà la question... Et comment chacun s'y trouve, dans sa *contrevie*, ce qu'il y fabrique ou pas, s'il est capable d'en avoir une, plusieurs, comment elles s'articulent. Donc, dans cette *Contrevie* de Philip Roth, vous arrivez à la fin du livre, à douter de ce qui est vrai, de ce qui ne l'est pas, si c'est bien la première version qu'on a lue qui est la vraie, ou si c'est la suivante, parce que entre les deux on a des gens qui meurent puis se retrouvent vivants, d'autres vivants dont on apprend après qu'ils auraient été morts, et tout cela se termine par une déclaration, à savoir que la réalité est peut-être ce qui est raconté, rien d'autre. C'est fait vicieusement, avec beaucoup de détails concrets, sans quoi ce serait très pénible, on serait dans la prétention d'obtenir « l'écriture pour l'écriture », d'être dans le repli de cette écriture qui répondrait à toutes les situations. Beaucoup de tentatives très ennuyeuses (et on n'a pas le droit d'être ennuyeux si l'on est en vie) se tiennent dans cette prétention mégalomaniaque de passer à travers tous les phénomènes. Moi, je veux des preuves. Je n'attends pas que quelqu'un me dise : j'ai réponse à tout là où ça ne représente plus rien. Je veux qu'il *prouve* qu'il peut passer à travers toute représenta-

1. Gallimard, 1988.

tion[1]. Sinon : charlatanisme (*Femmes* a porté un coup très dur à la secte des charlatans en tous genres). Roth fait ça très bien, jusqu'au moment où le narrateur en arrive à expliquer à une femme que ce qui est pris comme preuve d'authenticité et de vérité chez l'être humain est une pure hallucination. C'est toujours quelqu'un qui *joue* le rôle de l'authenticité ou de l'identité à soi-même. Il suffit de voir cette compulsion chez l'être humain à vouloir le vrai, l'authentique (la hotte antique), l'identique à soi, en général de façon lourde et monotone mais qui peut devenir féroce (ce chien de l'authentique est toujours sur le point de devenir enragé), il suffit de poser cette hypothèse qu'il n'y a jamais que des *rôles*, pour comprendre quel effet de subversion on peut provoquer. Le narrateur de Roth dit à un moment donné : « *Je suis un théâtre et je ne suis rien d'autre qu'un théâtre.* » Dire, si l'on est juif, je suis un théâtre et rien qu'un théâtre, c'est formidablement subversif. C'est la raison pour laquelle, traversant l'Amérique, Prague, la tombe de Kafka, ou comme dans *Professeur de désir* ce rêve qui pourrait être une réalité, où le narrateur retrouve la vieille putain avec laquelle Kafka aurait eu ses habitudes, – traversant donc l'Amérique, Prague, Israël, et tout ce qui s'ensuit, cette affirmation que chaque humain n'est rien d'autre que le rôle qu'il est en train de jouer est une affirmation de la plus grande importance.

Autre moment merveilleux dans le livre de Roth quand un des personnages féminins dit à un homme, juste au moment où ils vont passer à l'acte : « *Comme*

1. Exemple : *L'Immortalité* de Milan Kundera, Gallimard, 1990.

c'est excitant de feindre d'être précisément ce que nous sommes. » Nous sommes ce que nous sommes, *mais nous allons faire comme si nous l'étions.* Ça les met dans un état d'excitabilité considérable. De mon côté, j'essaie comme je peux, dans mes livres, de faire apparaître ce qu'il en est du théâtre dans le théâtre à propos de la sexualité (*Portrait du joueur, Le cœur absolu, Le lys d'or*). On regarde ça comme si c'étaient des exhibitions sexuelles; c'est exactement le contraire, *une série d'observations sur le simulacre en tant qu'il dit la vérité de l'excitation.* Mais c'est très tabou de toucher à l'inauthenticité radicale de l'acte sexuel. Dieu veille d'un côté, et j'allais dire les femmes mystifiées de l'autre. Une même vigilance, au fond.

Voilà pourquoi le théâtre est si barbant. Quand on le gratte, là, sur sa scène, on trouve toujours qu'il est asservi à une illusion mystique ou à une illusion sexuelle. Et voilà pourquoi je pense qu'il a fait son temps, comme objet séparé d'une scène qui désormais est généralisée. Voilà aussi pourquoi il y a si peu de choses intéressantes à lire, puisque la lecture commencerait non pas avec le soupçon mais avec la certitude que toute scène, désormais, à tout instant, est généralisée. Roth dit cela très bien, dans un livre magnifique qui s'appelle *La leçon d'anatomie*, livre le plus extraordinaire qu'on ait fait sur la douleur, sur l'inauthenticité même de la douleur, peut-être (ah! la douleur, ça c'est de l'authentique, ça ramène l'identité à son point aigu!). Le narrateur du livre, un écrivain qui est ébranlé par l'inauthenticité de tout, l'irréalité de tout, veut devenir médecin, pour aller toucher de près la souffrance. Or, même celle-ci ne le délivrera pas de la nécessité où il est d'écrire, y compris en étant au service des urgences d'un hôpital et en plongeant ses mains dans le linge maculé de sang et de vomi des malades. Roth écrit – et vous avez là, chez un romancier, quelque chose qui n'est pas sans rappeler Mallarmé, lequel s'est posé quelques questions pointues sur cette affaire, *Le livre,* ce n'est pas rien... : « *Ce qui pèse ce n'est pas que tout doive nécessairement devenir un livre* (ça ce serait la thèse mallarméenne : tout doit aboutir à un livre; thèse elle aussi passée et dont on se fout), *c'est que tout* puisse *devenir un livre et compte pour du beurre avant que ce ne soit fait.* » Dans *La Contrevie,* le même narrateur dit autrement : « *Je pensais à ce genre d'histoires en quoi les gens transforment leur vie, aux genres de vie en quoi les gens transforment leurs histoires.* » Si on garde l'oreille ouverte, et les yeux, parce qu'on peut aussi avoir envie de les fermer, on va tomber sur ce mécanisme implacable des fausses vies qui se prennent pour vraies en se racontant des histoires, et sur des gens qui croient vivre de vraies vies en transformant des histoires en vie.

A partir de là, comprenez-vous, votre théâtre devient permanent et tout fuit à chaque instant. Le moment où on a envie d'y croire, parce que ça devient vertigineux très vite, sera le moment de l'ancien théâtre où on pourra distinguer le vrai du faux, les vraies passions des superficielles, où on aura un mécanisme herméneutique permettant de connaître ce qui est dit et pensé derrière..., mais où on n'aura pas cette sensation éblouissante du faux à l'œuvre, du faux qui ne laisse pas place à une mise en scène puisque c'est déjà en scène à tout instant, là sous nos yeux, maintenant. Le narrateur, j'allais dire le savant mais c'est la même chose, il faut bien qu'il s'invente une position pour que ce qu'il est en train de voir, d'entendre, de constater, ne soit pas trop soupçonnable. Car, si c'est soupçonné, la mise en demeure *d'y croire*, au théâtre, va être immédiate. Il conviendrait donc de faire le repérage de toutes les instances qui veulent absolument vous contraindre à penser que ce qui se passe ici ou là ce n'est *plus* du théâtre...

Pourquoi faudrait-il le faire? Parce que – et je reviens à ce que je disais tout à l'heure sur la passivité – les gens, maintenant, ne croient plus à aucune réalité. Quand on leur montre des exécutions en Chine, sans parler du fait que les condamnés sont jaunes et n'ont de ce fait pas autant de dignité que s'ils étaient blancs, au fond ils sont prêts à penser qu'après la balle dans la nuque, facturée à la famille, les exécutés vont se relever et repartir dans la foule comme si tout cela avait été du cinéma. Ce que les systèmes d'oppression viennent de découvrir, ils vous en font la démonstration sur grand écran planétaire, c'est que les techniques de communication peuvent être retournées et que la thèse comme quoi il suffirait que l'information circule pour que la liberté intervienne, eh bien! elle n'est pas tout à fait exacte, voyez-vous.

D'autre part, comme la manipulation de l'information en arrive à un degré jamais atteint, que la presse ne s'autocritique jamais (moi, en revanche, on me demande à chaque instant de faire mon autocritique, c'est bien normal), on se dit que jamais on ne nous a fait un pareil théâtre, jamais le somnambulisme n'a été si forcé.

Un journaliste, vers la fin du XIXe siècle, a dit : « *Dieu est mort.* » Spinoza m'a encore téléphoné récemment pour me dire que tout ça c'était quand même des fariboles. Comment Dieu pourrait-il mourir, je vous le demande. En revanche, la mort, sous son masque de Dieu ou Dieu sous son masque de mort (le maître-mort absolu), peut se présenter comme irréalité spectaculaire. Voilà ce que nous sommes en train de vivre. Et à l'autre bout, très euclidiennement, vous avez cette autre population surveillée dite « femme », très bien mise en scène par Roth (je dis Roth, comme ça, pour qu'on pense à moi, il faut lire Roth pour lire Sollers, on lit Roth ou Kundera et on se dit après que Sollers, ce n'est pas si mal, c'est tout bénéfice pour moi quand je parle de quelqu'un d'autre), et qui mène sous des formes souvent subtiles, pas nécessairement violentes, une activité aux frontières de ce qui doit être quand même la réalité, puisque ça procrée toujours, là, d'une façon ou d'une autre. La procréation, quel théâtre ! (Les USA et l'avortement !) Et ne vous avisez pas de faire comme si ce n'était pas *authentique*, comme si l'apparition sur le théâtre du monde des corps humains n'était pas une chose extraordinairement réelle et sérieuse impliquant un grand nombre de sacrifices, le vôtre, pour commencer, si vous manifestez des soupçons. Ce petit théâtre tourne en rond, seulement il est analysable, depuis toujours bien sûr, mais aujourd'hui mieux qu'avant parce qu'il a pris une certaine ampleur cosmique d'irréalité et que quelques aventures scientifiques se sont produites. Je m'en tiendrai aux mathématiques car elles sont le nerf de la question.

Les mathématiques..., on n'en parle pas beaucoup dans l'information, elles n'ont pas bonne presse. Imaginez une pièce de théâtre qui ne vous parlerait que de logique mathématique, elle n'aurait pas un très grand retentissement. On peut, par le biais des échecs, merci Nabokov, faire sentir que ce qui se raconte relève de l'ordre mathématique. C'est plutôt mal vu aussi puisque chacun sait qu'un romancier doit être bête, qu'il doit croire à ce qu'il raconte et que si on peut le soupçonner de nous avoir enchanté avec des désirs particulièrement tordus pour accomplir une pure fantaisie de démonstration échiquéenne, c'est vraiment le diable.

Théorie des ensembles. Je ne fais pas de mathématiques mais j'ai l'intuition que c'est bien là-dedans que je suis. Là est bien la réalité de la réalité en devenir elle-même. Mes livres sont probablement des bords dans ladite théorie en expansion. *Nombres* : avec ce titre, j'avais donné une clé. *Drame, Paradis, Femmes*, ce sont des nombres, et pas des nombres comme on a l'habitude de s'en embarrasser dans le vieux théâtre arithmétique ou algébrique. Je suis un praticien des ensembles et rien d'autre qu'un praticien des ensembles... : autre façon de dire : « *Je suis un théâtre...* »

J'ai donc eu la curiosité de me demander ce qui pourrait être opposé aux instances de l'assignation à croire. A croire au sexe, à croire à Dieu, à l'argent qui se trafique entre les deux, avec le mauvais goût qui le caractérise puisque, dans l'irréalisation de tout, ce qui disparaît, en premier, c'est le goût. Raison pour laquelle, sans doute, le marché de l'art est si sensible en ce moment, si flamboyant, si ridicule industrie du faux. Ainsi que l'a dit un bon penseur : « *Le devenir monde de la falsification est le devenir falsification du monde.* » Voilà le théâtre, le vrai, celui d'aujourd'hui. Qui s'y oppose ? Le romancier, inévitablement, s'il est poussé à sa limite. Ou alors le penseur de la logique mathématique s'il prenait – ce qui n'est pas souvent le cas –, dans la vie, une décision quant à la réalité des phénomènes. Une décision éthique.

Tiens, à ce propos, je vais parler d'un Français. Il s'appelait Jean Cavaillès. Philosophe et logicien des mathématiques. Jean Cavaillès a été fusillé par les Allemands au début de 1944. Il avait 41 ans, il faisait de la résistance. Un jour, il a eu cette formule curieuse : « *La logique mathématique est une science maudite et on y meurt jeune.* » Je suppose qu'il voulait dire par là qu'elle n'était pas une chose qui plaisait vraiment aux habitudes biologiques.

Je me suis donc renseigné sur Cavaillès et je suis tombé sur un livre de sa sœur intitulé : *Jean Cavaillès, philosophe et combattant*[1]. Passionnant. Puis je m'aperçois que ce livre a été republié en 1982 sous un autre titre : *Jean Cavaillès, un philosophe dans la guerre*[2]... Ce n'est pas tout à fait la même chose un philosophe *dans la guerre* et un philosophe *combattant*. Vous allez me dire : Cavaillès était communiste. Eh non ! justement, il n'était pas communiste. Pas juif non plus. Voilà donc quelqu'un qui écrit sur le transfini, a traduit la correspondance de Dedekind et

1. PUF, 1952.
2. Ed. du Seuil.

de Cantor, est très connu des spécialistes, a une salle à la Sorbonne, et dont peu de gens savent qui c'est. Et personne n'arrive très bien à comprendre pourquoi au lieu de continuer à faire des équations et de réfléchir à leur énorme portée, il s'est mis à organiser des réseaux de résistance, a fait preuve de remarquables qualités de stratège militaire, et s'est fait détruire le cerveau par une balle dans la nuque. C'était en effet l'inconnu n° 5 du charnier d'Arras. N'aurait-il pas dû conserver son cerveau à la France et à la communauté scientifique ? Il a pensé que les choses du monde ne se passaient pas comme ça : au fond, peu lui importait de vivre ou de mourir puisque cela n'entamait pas sa joie philosophique. En quoi Spinoza, qu'il cite souvent, lui aurait soutenu qu'en effet ce n'était pas absolument nécessaire de vivre ou de mourir. L'embêtant avec la mort irréalisée, c'est que tout le monde a très envie de vivre sans considérer que ça pourrait ne pas être nécessaire. Quand Roth fait dire à son narrateur de *La Contrevie* – il s'adresse à une femme : « *Un Juif sans Juif, sans judaïsme, sans sionisme, sans judéité, sans temple ni armée, sans même un pistolet, un Juif évidemment sans demeure, juste l'objet en soi comme un verre ou une pomme* », cela me paraît quasiment du même ordre. C'est presque la formulation d'une vérité mathématique transfinie sans doute extrêmement difficile à obtenir. Encore une fois, je ne suis pas spécialiste des mathématiques, spécialiste de l'être-juif, mais je me doute que le fait d'arriver à une telle relativité est probablement ce qu'on peut faire aujourd'hui de plus difficile. C'est le comble de l'affirmation solitaire. Personne n'en voudrait sur un théâtre, puisque le théâtre c'est être ensemble. La vérité cruelle qu'essaie de cacher le spectacle est simplement qu'un seul peut avoir raison contre tous. Voulez-vous qu'on finisse en disant que cela consiste à ne pas être collaborateur ? Il me semble.

1989

IV

PLUS DE CINÉMA

Une constatation simple : mon corps ne se retrouve plus dans une salle de cinéma, mon cerveau ne transmet plus à mon corps l'ordre d'aller dans une salle de cinéma. C'est un phénomène qui date déjà d'une dizaine d'années. Mon cas est-il purement singulier ou est-il le symptôme d'une physiologie plus profonde qui est en cours de reconstruction dans l'espace et le temps ? Entrer dans une salle de cinéma n'appartient plus du tout à ma pérégrination physiologique et psychique. Le cinéma est le marché du contre-fantasme. Je m'y ennuie instantanément. Au bout de deux minutes, j'ai compris ce qui se passe et ce qui va se passer. La rhétorique qui se déploie est fermée, bloquante, une déperdition d'imagination pour moi.

Le cinéma américain, même chose. On aura regardé des films américains parce qu'on ne connaissait pas l'Amérique, parce que c'était exotique. Mais une fois informé concrètement de la connerie internationale, on voit qu'elle est désormais la même partout, avec plus ou moins de moyens, plus ou moins d'argent. La connerie, c'est l'auto-intoxication sur la prétendue possibilité de faire coïncider l'image et le son. C'est désormais quelque chose que je ne supporte plus. J'ai toujours été partisan de l'image qui sort du son, puis j'ai cessé d'en parler parce que ça n'intéressait personne. Le cinéma pense tellement peu que ce n'est pas la peine de perdre son temps. Ce qui ne pense pas me retarde. Le dernier film que j'ai vu, pour des raisons de travail, c'est *Les Liaisons dangereuses*. L'adaptation est grotesque. Mais Glenn Close m'a intéressé trente secondes. Je pense toujours à l'utilisation éventuelle des corps, à leur valeur d'usage, mais cela n'a rien à voir avec les impératifs collectivistes et de militantisme obscurantiste qui sont ceux du cinéma.

Femmes, succès de librairie, était paraît-il visualisable, mais les adaptations ont toutes avorté. Les gens du cinéma ne peuvent pas lire. Ils ont des réflexes purement pavloviens. La fin du XXe siècle est pavlovienne et le XXIe siècle sera hyper-pavlovien ou ne sera pas. C'est exactement le contraire de ce qu'annoncent les pseudo-prophéties spiritualistes. Le cinéma, donc, est une perte de temps, non seulement pour le spectateur mais surtout dès qu'on entre dans sa fabrication. C'est une énorme perte de temps masochiste, orchestrée, souffrance voulue et confuse, qui ne sert à rien. Pourquoi tout le monde est-il collé à une telle perte objective de temps quantifiable ? C'est étrange. Il m'a fallu voir des gens que je n'aurais pas rencontrés autrement qui m'ont tous raconté d'incroyables inepties. *Femmes* est une petite cavalcade plutôt positive à travers les illusions sexuelles. Contrairement à ce que certains ont cru, c'est un roman du détachement par rapport au sexe. Au cinéma, le héros devrait être une sorte de Robin des

Bois. J'ai vu à quel point dans le groupe humanoïde qui se presse autour du cinéma, les thèses sexuelles sont d'une religiosité et d'une débilité implacables. Le sexe cinématographique doit toujours être représenté d'une façon négative. Rêverie, mélancolie, crise d'identité, errance, recherche de l'objet perdu. Il est absolument exclu qu'on parte d'une assertion, d'une position affirmative et, par conséquent, ironique. Je crois que tout ce qui se *poulpe* autour de la pellicule cinématographique, y compris chez Godard, part de cette pétition de principe, de l'impasse ou de la négativité sexuelle. Tout ce qui pourrait être de l'ordre du désir passe d'emblée dans des scènes de violence, avec cet effet de montage sommaire (télé américaine) qui consiste à faire suivre, presque automatiquement, une scène d'amour par des coups de revolver.

Hitchcock m'a intéressé parce que son œuvre est humoristique. Dans le fameux livre d'entretiens, Truffaut est incapable de pousser Hitchcock sur ce sujet. Truffaut était plus puritain qu'Hitchcock. C'est flagrant dans le dialogue qui s'engage sur *I Confess (La Loi du silence)*. Truffaut demande si l'éducation catholique, culpabilité et sens du péché, n'ont pas pesé sur ce film. Hitchcock a cette réflexion superbe : « *Comment pouvez-vous dire une chose pareille ? Mes films représentent toujours un homme innocent dans un monde coupable.* » C'est une formule inouïe. Tous coupables dans un monde qui devrait être innocent : voilà, au contraire, la thèse forcenée du cinéma. Truffaut passe à côté d'une perle. Il fallait le pousser métaphysiquement, Hitchcock. Cela dit, ses films vont vieillir très vite.

Pasolini ? Oui, le bel Evangile mais il a fini avec *Les*

120 jours de Sodome, un film où je figure au générique, dans la bibliographie sur Sade. Tout converge vers le même point aveugle, le même trou noir, Sade comme par hasard. Tant que Sade ne sera pas dans « la Pléiade » (premier tome en novembre 1990), tant qu'on n'aura pas franchi un tir de barrage incessant, interminable, rien ne changera. Pendant l'été, madame Badinter a traité Sade de nazi à *Apostrophes*. Elle a lu un passage des *120 Journées de Sodome*, la passion 111, avec un tremblement dans la voix très étonnant. Ensuite elle en a conclu que c'est exactement ce que pouvaient ressentir les nazis. Je propose un petit clip. On coupe la conclusion et on monte la scène dans un contexte différent : *effet garanti*.

Je ne regarde plus beaucoup la télévision. Il y a quinze ans, j'ai fait des overdoses de zapping en Italie ou aux USA. Mais c'est une activité dont on se lasse vite, surtout en France. Aujourd'hui, ma télévision marche presque en permanence. Elle est par terre, le son est coupé et j'attrape, au vol, des images. Le son est horriblement gênant. Tout le monde joue mal exprès, tout le monde joue faux. Mais, parfois, des postures de corps, des éclats de paysages apparaissent. Un cheval, une tour, un crocodile, n'importe quoi. C'est le retour au muet. En fait, je crois que le cinéma n'est jamais sorti de son essence qui est d'être muet. Il a été renforcé dans son faux mutisme par un blabla interminable. Le tennis à la T.V. est une chose acceptable. J'ai vu Mac Enroe pour la première fois à New York en 77-78. J'attends qu'un autre joueur atteigne cette grandeur. Les commentaires étant idiots, j'essaye d'attraper l'image, juste avec le son des balles. Vous voyez un type envoyer sa balle. C'est parfait. On ne peut pas tricher dans un match de tennis. De la même manière, on peut regarder un pianiste. Il est bien obligé de jouer les notes.

Le film de Scorsese ? Pas vu. Je suis pour le bien contre le mal, pour la liberté de Scorsese ou celle de Rushdie, mais qu'on ne m'oblige pas à aller voir le film ou à lire le livre ! Si on se bagarre aujourd'hui autour des *Versets sataniques* ou de *La Dernière Tentation du Christ*, cela prouve que le spectacle falsificateur tient tout. Nous sommes dans une époque misérable, dans une immense misère à laquelle le cinéma et la télévision participent de manière constante. Il y a les livres de Guy Debord, *Commentaires sur la société du spectacle* et *Panégyrique*. Debord arrive à une ascèse admirable, il a vraiment choisi d'être un trou noir. Ma position est complètement différente, j'ai d'autres techniques par rapport à cette situation. Mais il n'y a rien à ajouter à Debord, son diagnostic est impeccable.

Le grand ennemi de la société du spectacle est la littérature. Cela a toujours été ainsi. C'est une lutte à mort intrinsèque. Pas pour des raisons morales. C'est une question de fonctionnement, d'individu en fonctionnement par rapport à son nom propre. A-collectif, a-collectivisable, a-somnambulisable, a-hypnotisable. C'est une lutte à mort totale. Mais je ne suis pas pressé de mourir. C'est une question de ruse ou de feinte. Il faut simplement savoir que rien n'impressionne l'adversaire, même ce que je dis là. Il croit toujours qu'on est dupe de son système. Jamais il ne soupçonnera que vous êtes en train de l'entraîner sur une période de temps autre que celle où le passé est aboli et où le futur n'existe pas. Pour moi, le passé est une réalité tangible. C'est un temps différent. C'est une lutte à mort sur le temps.

J'ai été très intrigué par la rétrospective Warhol qui a eu lieu à New York. Warhol est un technicien de la « nouvelle chose », probablement très sous-estimé. C'est un génie qui s'est arrangé pour que cette appréciation ne puisse pas être formulée. Il a compris ce qui arrivait à la peinture à l'époque du spectaculaire généralisé. Comment faire ? Comment utiliser le corps qui est en représentation par rapport à ce bouleversement du marché ? Warhol est le seul à avoir pensé jusqu'au bout le fonctionnement spectral de l'époque, c'est-à-dire l'ensemble du phénomène business/art. Il faudrait réfléchir un peu sur ce qu'il entendait par « camouflages ». Comment réinventer une dictature esthétique ? Warhol a appliqué une autorité stricte, et cela suppose toute une façon de paraître absent, de maîtriser l'emploi du téléphone, de ne plus voir les gens, des trucs à la Glenn Gould. Gould aussi fait partie de ceux qui ont compris qu'on passait d'un monde à un autre. Ils ne sont pas très nombreux. On peut toujours admirer *Les Baigneuses* de Cézanne – ô combien. On peut s'intéresser au marché et se demander pourquoi il est en train de flamber. Mais ce qui m'importe aujourd'hui, c'est cette utilisation d'une image extrêmement pensée à la tangente de l'inanité publicitaire.

Mon écriture n'a pas de rapport avec les images que je consomme. Tout cela est trop lourd, trop déterminé, trop affecté. En revanche, *Paradis* ou *Paradis II* sont des textes qui produisent de grandes quantités visuelles. C'est un tourbillon qui laisse échapper des éclairs. Même pour mes romans dits « figuratifs », on m'accuse souvent d'accumuler des clips. D'ailleurs, en tant que forme brève, le clip pourrait m'amuser, même si ceux que je vois sont très mal faits. Mais la technique est toujours intéressante. C'est comme la science. Faire de la biologie, fabriquer des embryons à tour de bras, aller sur Neptune, pourquoi pas. Mais à partir du moment où ça retombe dans la traduction subjective, c'est nul. La question est simple : quelle est la subjectivité de ce qu'on appelle « l'instant science » (la science instantanée)? Vous tombez sur un truc et vous êtes obligé de l'interpréter à l'instant même. Voyager 2, par exemple, ou *Paradis II* : j'ai lancé mes *Paradis* à peu près à la même époque, cela ne se reverra plus.

Quelle est la subjectivité du type qui interprète? Tout est là. Si elle était vraiment adéquate à ce qu'il est en train d'observer, il serait fou. En général, c'est traduit très mollement lorsqu'on est en dehors du calcul. Enregistrer des informations scientifiques, c'est chiffrer. La vue, c'est des chiffres. Très précieuse expérience. On a fait du chemin depuis Galilée! On devrait se dire : tout ce que je vois, je le vois en différé d'un certain nombre de fractions de seconde. Il y a des tas de choses à dire, à partir du moment où on maîtrise l'argument subjectif. Sinon, il n'y a que les remarques charmantes des savants. Comme c'est bleu! Agité! Superbe! Je n'ai rien contre. Mais vous pouvez me dire ce que ça vous fait réellement? En général, c'est par là que le cinéma est concerné, et chez les plus lucides savants, la réponse va à la musique. Ils vous diront : j'ai réécouté Bach toute la nuit. Très bien. Mais verbalement, c'est autre chose, car la rhétorique n'est pas entraînée à subir des altérations de cet ordre, gigantesques ou alors infimes.

Quant à la visualisation de ces phénomènes – qui n'existe d'ailleurs pas vraiment – il n'y a que les appareils qui peuvent voir à notre place. Au cinéma, on dit aux spectateurs : vous êtes en train de voir ce que vous voyez. C'est une escroquerie. Les cinéastes qui ont essayé d'introduire un doute là-dessus ont fait ce qu'ils ont pu. Godard, d'accord. Un son, une image. Et puis, au bout d'un moment, quel ennui ! C'est tellement évident. Mais ça impressionne toujours les gens qui croient qu'ils ont vu vraiment ce qu'ils voyaient, ce qu'ils ont entendu... On peut toujours leur montrer que c'est faux, mais c'est là où on peut aussi être charlatan, et à peu de frais.

La Géode, les images de synthèse ? Contrôle de masse. Ça va dans le sens de l'hypnose organisée. Mieux vaudrait être vraiment sérieux et attentif à tous ces problèmes de « vous ne voyez pas ce que vous voyez ». C'est la fameuse idée de Godard. Christine Ockrent dit une phrase en direct et on lui demande simplement : « *Voulez-vous reprendre ?* » Ce n'est rien, mais c'est tout. Simplement : « *Si on reprenait ?* » Tout s'écroule. Il faudrait le faire sérieusement mais le système ne le permettrait jamais. Cela n'empêche pas d'être soi-même à la bonne distance. Mais dès qu'on propose des choses qui se voient, il me semble que le silence est préférable.

Sur ce plan, Warhol a été systématique. On peut peut-être faire mieux, mais encore faudrait-il construire le système nerveux qui en serait capable. Il faut être vraiment là à chaque instant pour se taire et savoir qu'on le fait. Ce n'est même pas un effort, c'est un état physique particulier. Ce n'est probablement pas par hasard si Warhol est mort de façon étrange : un appareil à l'hôpital, nous dit-on, n'a pas fonctionné. Bizarre affaire, après la décharge de revolver de Valérie Solanas, en 1969. Je risque une hypothèse? Quelqu'un qui serait complètement décollé de la représentation, tout en s'en servant, risquerait d'être assassiné plutôt vite. Tellement il est interdit de ne pas y croire! Un athée du cinéma est comme mort pour les morts-vivants du spectacle; une écume, un monstre potentiel, un guignol incompréhensible, un être sans sérieux et sans profondeur.

1989

V

ARTAUD CONTRE LE SPECTACLE

Tout ce que dit Artaud m'a toujours paru très clair. Or, c'est au moment même où cette clarté pourrait se dégager dans son ensemble qu'elle risque de ne plus pouvoir être déchiffrée.

Artaud commence par être une affaire de blasphème. Un langage et une existence qui menaceraient, par leur révolte radicale, les valeurs d'une société bien-pensante, les institutions traditionnelles. C'est le moment où il faut insister pour *publier* Artaud, contre tout un monde moisi et se survivant à lui-même après l'effondrement de la Deuxième Guerre mondiale. Artaud, témoin essentiel et cardiaque de cette guerre, de cet abîme. Témoin capital, parce que placé dans des conditions de survie dont on ne soulignera jamais assez l'aspect concret : quarante mille morts de faim dans les asiles psychiatriques français entre 1940 et 1944, élimination physique en douce, comme un détail, de la population aliénée. C'est dans cet enfer qu'Artaud souffre, résiste, subsiste, écrit.

Première interprétation d'Artaud, donc : le mystère, le scandale, l'expérience délirante, mais vraie, la « malédiction » s'opposant avec une ténacité inouïe au vieux monde. Deuxième temps de l'interprétation : ce que j'appellerai « l'obscurcissement » d'Artaud (l'obscurcissement philosophique). Là où les dévots sont choqués, les philosophes se chargent, par un tour de religiosité plus interne, de mettre de l'ombre. L'expérience d'Artaud sera alors une descente dans les tréfonds de l'intime, quelque chose qui rejoindrait le transcendantal par des voies tout à fait singulières. Peu à peu, à travers le verbiage philosophique, se perd comme par hasard, comme par enchantement ou envoûtement, la grande clarté d'Artaud et son diagnostic, son implacable jugement permanent, sur la société elle-même. Troisième temps : nous y sommes. Après la négation du contenu, puis son obscurcissement, on arrive à la sacralisation et à l'investissement de valeur du contenant : moment des reliques. Le *sens*, lui, n'est plus considéré. Quel sens ? Le sens rigoureusement antisocial. La société vue, conçue et dévoilée comme crime organisé se maquillant parfois de suicide.

Quarante-deux ans après la mort d'Artaud, où en est la Société ? Est-ce la même que celle qu'Artaud accuse de plein fouet ? Sans doute, mais tout autre, car elle a changé de régime et de puissance dans l'avènement généralisé et planétaire du Spectacle. Censurer la dénonciation de la Société par Artaud, c'est donc tout simplement faire le jeu du Spectacle. En quoi, sur ce point précis, tous les obscurantistes intéressés se mettront d'accord.

Le Spectacle ? Bien entendu, Artaud ne s'occupe

que de cela. *Le théâtre et son double* : ce titre, déjà, dit tout. Mais après la guerre il s'agit déjà de bien autre chose, et il suffit à Artaud, à ce moment-là, de mener cette offensive fulgurante sur la peinture avec *Van Gogh le suicidé de la société* – liée à son projet de conférence publique, dite du « Vieux Colombier » – pour qu'explose, cette fois avec quarante ans d'avance, une réalité qui devrait nous paraître évidente, aujourd'hui, alors qu'elle est justement sur le point de nous être volée. Artaud associe son nom à celui de Van Gogh en train de devenir l'alibi forcé du marché de l'art. Il se sépare violemment de tout surréalisme (marchandise en cours de récupération retournée). Il va droit à une expérience *physique* sans précédent qu'il combine, comme le stratège militaire qu'il était, très lucide, avec une adresse au public destinée, de façon parfaitement raisonnée, à faire éclater la véritable signification de son histoire. Nous nous en apercevons grâce au tome XXVI de ses œuvres complètes, volume clé : la légende d'un Artaud halluciné, aphasique, vole en éclats. Ce dont les témoins se souviennent, c'est bien cela : Artaud va vous parler mais il ne peut pas le faire, il balbutie, il égare ses papiers, il se retire, tout le monde est effrayé, Gide le premier... Mauvaise légende, mauvais théâtre. Propagande.

En réalité, ce livre nous le dévoile, il a beaucoup travaillé à ressaisir l'histoire de sa vie. Avec une humilité et une précision admirables. Exemple : « Mon histoire n'est pas celle d'un grand personnage, elle est celle d'un homme qui en a sué et chié pendant dix ans plus que son compte, et même au-delà du compte, de tout compte... C'est une histoire de douleur. Il y a d'autres histoires de douleur que la mienne, mais celle-ci est trouble. Je veux dire qu'elle provient d'une cause que le monde et la société actuelle donneraient tout pour garder cachée, et c'est à ce titre que je veux en parler. »

Voilà qui est clair, le mot « société » va apparaître constamment. Artaud nous parle de la société dans son spectacle, dans les fibres de son spectacle, du Spectacle qu'est en train de devenir la Société tout entière et sur laquelle il prétend, à juste titre, et très clairement, avoir des lumières spécifiques. Artaud, c'est du Voltaire poussé à bout; son affaire, c'est l'affaire Calas de notre temps. Qui va l'entendre? Qui est du côté de l'Infâme, ancien ou nouveau? Artaud philosophe des Lumières? Mais bien sûr. Il est contre la « grande nuit » et contre le « bluff », Artaud, qu'il se présente comme réaliste, surréaliste, ou n'importe quoi d'autre.

Ma position est donc simple : Artaud anticipe sur le fonctionnement désormais complet d'une falsification sociale autorégulée. Il est aussi essentiel pour comprendre cette substance du faux que Sade (lui aussi témoin d'un traumatisme historique hyperviolent) et que Céline (pour les mêmes raisons). Si on s'intéresse au fond des choses, c'est-à-dire à la Raison, il faut lire ensemble Céline et Artaud, le Hambourg de *Rigodon* et les *Lettres de Rodez*. Sade à Charenton, Céline à Copenhague, Artaud à Ivry : voilà trois écrivains français (mais oui, *français*) qui disent vraiment les choses, c'est-à-dire l'envers de la Société comme projet de destruction des corps comme elle a lieu, par tous les moyens.

Là-dessus, on répète qu'Artaud délirait. Quelle erreur. Il tente simplement le ressaisissement de son histoire à travers quelques fables explicatives, quelques situations condensées ou symboles forts. Empoisonnement, attaque sur le bateau qui le ramenait d'Irlande, coup de couteau dans le dos, mort d'André Breton au Havre qui essayait de le délivrer... Breton réagit naïvement, en positiviste : « mais non, je ne suis pas mort »... Comme si le problème était là! Quand on lit le tome IV des Archives du Surréalisme sur la sexualité, quand on voit quelle était la conscience organique de ces poètes, comment ils répondent de leur corps en situation, c'est pathétique. Lucidité d'Artaud sur la négativité sexuelle : « Ici, c'est le vieux Freud qui a raison, plus raison qu'il n'a jamais cru avoir raison. »

Faut-il se préoccuper de la dégénérescence spectaculaire de la psychanalyse qui s'étale désormais sous nos yeux? Ce serait avoir du temps à perdre. Bien entendu, Artaud ne nous parle pas d'une réalité photographiable; il tient absolument à écrire sa découverte *physique* qu'aucun psychisme ne saurait réduire. Il ne s'agit pas d'un corps rêvé, idéal, « sans organes », etc. mais bien de *ce corps-là*, le sien, qui vit en même temps qu'il s'écrit. Or, dit-il, *ça ne veut pas de corps, ça reproduit des corps par ravalements successifs pour nier le corps, les corps qui sont là sont des négations de corps.* « Mon intelligence, c'est mon corps, et rien de plus. » Et voici : « Le corps des gens ne fait pas grand-chose, mais leur esprit d'inverti qui ne vit que du corps des autres ne se lasse pas de circuler. » Voilà une proposition parfaitement claire quant au fonctionnement du vampirisme social, et il n'est pas besoin d'aller chercher dans l'inversion une fantaisie sexuelle, par ailleurs courante. Dans le dictionnaire Artaud antispectaculaire, on aurait donc cette définition : « Est inverti tout corps qui ne vit que du corps des autres et ne se lasse pas de circuler. » Le corps des gens ne fait pas grand-chose? En effet. Ça circule? Oui, sous forme d'irradiation spectaculaire, de trafic, de fausse information. Et c'est cela qui nous importe.

Car quelle est la situation « technique » d'Artaud? Qu'est-ce qu'il voit venir? La Société dans laquelle nous sommes, où les gens ne savent même plus si l'image de leur corps est bien à eux, ou bien s'il s'agit d'une invention qu'on leur refile sous hypnose. Voilà ce qu'Artaud entend par « complot contre la conscience », dont il donne la définition suivante : « Le complot contre la conscience est une pièce minutieusement réglée, où l'on se passe le mot de maison en maison, de ville en ville, de nation en nation, de continent en continent comme une immense télégraphie animée. » Cette « immense télégraphie animée », je ne pense pas que quiconque pourrait désormais nier son existence. Pas de télévision, du temps d'Artaud, la télévision n'étant d'ailleurs qu'un des petits aspects du contrôle des Maîtres sur les esclaves. « Nous sommes dans un monde et une vie de tartuffes et dans une société d'anciens affranchis qui n'ont jamais eu qu'une idée en tête : se dissimuler derrière un ordre terre à terre où il est interdit à quiconque de dire qu'il y voit plus loin que le bout de son nez. »

Les Cent Vingt Journées de Sodome, de Sade,

paraissent en Pléiade : parfait. Mais essayez donc d'aller en lire des extraits à la radio pendant la journée, aux journaux de vingt heures à la télévision, ou d'en reproduire de longs passages dans les quotidiens ou les magazines, *avec illustrations adéquates.* Ce sera évidemment impossible. Voyez donc comment fonctionne le Spectacle : Sade est publié, personne ne le lit, mais il est interdit de le faire paraître là où il aurait de l'effet.

La démonstration serait la même avec Artaud, dès que vous diriez publiquement que le sens antisocial de ce qu'il révèle est très clair. Par la même occasion, tentez donc de montrer qu'il est très raisonnable de faire comme lui, à savoir se mettre en première personne dans la dimension religieuse : au Golgotha, par exemple. Le clergé, très occupé de se produire à la télévision, trouverait-il cela *sérieux*? Voulez-vous qu'on s'occupe sérieusement de l'ésotérisme, de l'occultisme, de la sorcellerie, de la magie, de la Kabbale, du yoga? Pour en critiquer, avec une détermination voltairienne, les effets de crédulité et d'imposture? Aux Etats-Unis, par exemple? C'est pourtant ce qu'Artaud n'arrête pas de recommander.

Vous constatez donc qu'Artaud, héros de la Raison, n'a rien d'un romantique allemand renouvelé ni d'un surréaliste pour gogos en train d'oblitérer leur sexe en poésie : c'est un farouche ennemi de la société des ombres telle qu'elle n'arrête pas de fonctionner. *La société mange des corps.* Or : « Le corps est plus grand et plus vaste, plus étendu, plus à replis et à retours sur lui-même que l'œil immédiat ne le décèle et le conçoit quand il le voit. » Fausse définition des corps, faux œil, falsification physique : reproduction de faux corps pour faire masse, élimination, combustion. Si jamais un vrai corps se produisait : scandale, négation, obscurcissement, trafic. L'hypothèse christique est donc bel et bien reposée, mais d'une façon inouïe, n'est-ce pas?

Artaud avait donc toutes les raisons de dire que, s'il n'était pas mort, c'est qu'il avait la vie dure. Sade a la vie dure, Céline aussi. Il ne s'agit pas seulement de survivre à la prison, aux électrochocs, à l'exil ou à la famine; il ne s'agit pas uniquement de surmonter la Bêtise (ce qui, en soi, serait déjà énorme), mais voici : « Rien qui use un être comme la force de désapprobation ou de restriction ou de critique générale qui s'abat sur lui. » Je prends le pari que cette expérience est en train d'avoir lieu, en ce moment même, quelque part. Un vrai corps se manifeste, et c'est aussitôt l'avalanche, pas forcément visible, de désapprobation et de restriction. Cela peut prendre le ton de la conversation, du sourire, de l'hypocrisie des tartuffes, c'est-à-dire des « anciens affranchis ». Un ancien affranchi, un esclave se croyant devenu maître, peut ne pas trouver de mauvais goût, par exemple, que le nom de Sade en vienne à désigner un champagne ou un parfum. Voilà un coup de baguette magique dans la marchandise : un bloc d'abîme se change en bloc de foie gras. Pourquoi pas, un jour, un fortifiant ou une vitamine « Artaud »? Ou un somnifère [1]?

1. Dernière trouvaille : un vin baptisé « Château Rimbaud ». Au Japon, par ailleurs, Rimbaud devient une marque de whisky.

Artaud tient à plaider son procès : « J'ai été victime d'un crime social où tout le monde a trempé le doigt ou, mettons, le cil d'une paupière. » Soit dit en passant, quel fabuleux écrivain... Crime social? Oui, *contre son corps.* La société est un crime contre le corps, et cela commence par la production même du corps. J'avais mon corps avant de naître; naître a consisté à me *ravaler* dans un corps d'enfant. Il est donc logique que je garde mon corps après la mort, même s'il prend l'apparence d'un cadavre. La terreur du Spectacle est d'enfermer chacun entre la naissance et la mort. Le corps social, résultat d'un crime, reproduit des images de corps, des corps *d'échange.* L'usage est nié, et là commence l'usure. « Rien qui use davantage un être... » Artaud est le premier, et le seul, à avoir pris la mesure de l'industrie génétique généralisée. C'est bien ce qui a lieu, non? Qui dira le contraire? Il suffit de se demander qui a intérêt à ce que cela se sache le moins possible : comme s'il y avait à ce sujet un « envoûtement »; le mot est on ne peut plus exact. « La mort est un état dans lequel je n'aurai jamais la sottise de me laisser pousser ou conduire en connaissant ce que j'en connais. » Mais enfin, qu'est-ce que vous racontez? Artaud est bien *mort*? Je ne réponds pas à cette pseudo-question qui comporte *sa* définition du corps. Ce qui m'intéresse, c'est la mise en lumière par Artaud de la nécrophagie sociale. Et comme il parle avec beaucoup de précision d'un phénomène que je rencontre chaque jour, j'ai tendance à lui faire confiance. Il va falloir d'ailleurs fonder un syndicat des auteurs interdits par le Spectacle : ils le sont tous pour d'excellentes raisons qui ne peuvent paraître contradictoires qu'aux esprits légers : Marx, Heidegger, Sade, Artaud, Céline,

Bataille, Genet, bien d'autres, et dans l'avenir *tous* les écrivains réels. Nom du syndicat ? Je propose : Isidore Ducasse. De temps en temps, il publiera un tract. *La Fête à Venise*, par exemple[1]. Où l'on apprend quelques petites choses sur la mise au secret de l'art. Penseurs de l'envoûtement (avec accent circonflexe), courage !

Je n'ai pas le temps de développer ce qu'Artaud, en dehors de la peinture et de l'usage physique d'un vrai corps possible, nous révèle sur la drogue. Là encore, il se montre le critique radical d'une société qui, en passant par la nourriture et des armes, contrôle le marché de la vie et de la mort par les voies simultanées de la légalité et de l'illégalité.

Voilà ; il faut donc pratiquer ce tome XXVI des Œuvres complètes d'Artaud. 1948-1990, c'est très court, un clin d'œil du temps, et ces phrases, comme celles de Sade, ont l'air d'avoir été écrites hier soir. Vous voulez enfin comprendre ce qui s'est *vraiment* passé entre 1940 et 1944 ? Ouvrez et lisez. Si vous en êtes capables. Non, nous ne sommes pas plus libres. Non, nous ne sommes pas plus éclairés. Non, nous ne sommes pas plus innocents. Non, nous ne sommes pas moins obscurantistes, pas moins bien-pensants. « Complot contre la conscience » ? Mais c'est de la paranoïa ! Vraiment ? (Même réaction policière par rapport à l'auteur des *Commentaires sur la Société du Spectacle*).

« La société disait : donne-moi ça, et puis ça, et puis encore ça, et va-t'en, il n'y a rien pour toi. Sur le plan réel, on te ménage, nous n'en sommes pas

1. Gallimard, 1991.

encore à l'assassinat, mais ça viendra. Car la société c'est ça, et ça, et non pas ce que tu es, toi. Prêche à côté, on te le permet, mais tu ne toucheras pas à ça : famille, enfants, patrie, église, capital, propriété, police, armée, naissance, mort. »

Cela dit dans le désert, ou à peu près, comme d'habitude.

1990

II

VI

POURQUOI J'AI ÉTÉ CHINOIS

SHUHSI KAO : A la veille de la parution de vos premiers ouvrages depuis 1974, jetons un regard rétrospectif sur le parcours de Philippe Sollers, écrivain et « telquéliste » des années 65-75. Beaucoup de questions se posent d'elles-mêmes. D'abord celle-ci, brutalement et sans autres explications que le fait que je suis chinoise : qu'en était-il de Sollers/Tel Quel et la Chine ?

PHILIPPE SOLLERS : Ce qui m'a amené à la Chine, c'est la littérature, c'est-à-dire mon expérience personnelle. Vous me dites 65. En 65 paraît de moi un petit livre, *Drame,* qui est un essai de recherche de la narration la plus « vide » possible. C'est une sorte de cheminement que je fais depuis des années déjà à ce moment-là et qui n'attend qu'une sorte de confirmation dans le tissu symbolique chinois. C'est par une expérience mentale et physique que je suis arrivé à m'intéresser à la philosophie chinoise, à la poésie chinoise et à la disposition du corps chinois par rapport au langage et à l'écriture. J'étais attiré par ce qui va être une constante dans mes intérêts à cette époque-là, par le taoïsme. Il s'agit d'abord d'une expérience érotique.

S. K. : Alors, d'une certaine façon, l'écriture de *Drame* constituait déjà une étape...

Ph. S. : *Drame* était déjà un roman « chinois ».

S. K. : Oui, une étape préparatoire à un certain état d'esprit que le taoïsme permet de préciser...

Ph. S. : Permet d'éclairer. Il y a quelqu'un qui a écrit à cette époque-là un texte sur *Drame*, c'est Barthes qui, de son côté, était très attiré par le Japon. Si vous regardez le texte de Barthes sur *Drame* et si vous lisez d'autre part *L'Empire des signes*, où d'ailleurs il a reproduit un texte de moi à propos de la technique de l'écriture chinoise, vous voyez qu'il y a là une sorte de communauté de sensibilité qui se déclare dès cette époque-là et qui va être poursuivie assez longuement. Mais Barthes était fasciné par le Japon alors que moi, c'était la Chine.

D'autre part il y a eu la grande découverte vers les années 66-67 – pour revenir aux influences culturelles; c'est à la fois l'influence culturelle et l'expérience personnelle, les deux indissociablement – des travaux de Joseph Needham, qui a fait ce merveilleux travail encyclopédique qui s'appelle *Science and Civilisation in China*[1]. Et à ce moment-là s'est révélé à nos yeux quelque chose d'absolument inédit, car il nous a semblé que c'était l'aube d'une sorte de référence nouvelle dans le savoir. Needham pensait – il nous l'a

1. Cambridge University Press.

dit – que désormais l'entrée de la Chine dans l'histoire du savoir allait jouer un rôle absolument comparable à la référence grecque pour les gens de la Renaissance occidentale. C'est-à-dire que finalement on allait pouvoir reclasser les références à la culture antique en repartant de l'Asie.

Celui qui s'intéressait le plus à la Chine, avec qui nous avons souvent parlé du chinois comme langue et qui d'ailleurs aurait dû venir en 74 avec nous en Chine, c'est Lacan. Lacan est quelqu'un qui s'est approché intellectuellement de la Chine, qui a bouquiné du chinois. Donc, on peut passer par le savoir, les sciences humaines, le langage, ou alors on peut passer carrément – ce qui est mon cas – par la poésie, c'est-à-dire par le fait de se sentir très violemment atteint par le fonctionnement poétique chinois.

Il y a eu aussi, il faut bien le dire, Ezra Pound, qui a eu une très grosse influence sur nous bien avant 65.

S. K. : Un des collaborateurs de *Tel Quel*, Denis Roche, a introduit Pound en France.

Ph. S. : Oui. Il a admirablement traduit les *Cantos Pisans*. Nous avons d'ailleurs un peu critiqué les textes de Pound comme étant à la fois trop décoratifs et trop confucéens[1] – dans le mauvais sens du terme, c'est-à-dire un peu trop figés – mais qui quand même avaient une ouverture considérable puisque c'est le

1. En Chine, je cherchais Lao Tseu (voir *Paradis*, p. 106-109). La moins mauvaise approximation du *Tao Tö King* en français me paraît être celle de Duyvendak, Librairie d'Amérique et d'Orient, Adrien-Maisonneuve, Paris, 1953.

premier écrivain occidental à avoir fait apparaître du chinois sur la page – ce n'est pas rien –, le premier à avoir essayé de faire fonctionner le chinois en regard d'une langue occidentale, de le faire fonctionner comme une sorte de butée, de miroir, d'électrode qui vient se brancher sur quelque chose d'autre.

S. K. : Pour définir une autre sorte de poétique ?

Ph. S. : C'est ça. Pour arriver à une autre poétique qui est finalement d'essayer de charger au maximum ce qui est dit dans un minimum d'espace et avec une économie très forte et très intensive.

S. K. : Si, comme vous dites, *Drame* était déjà un roman « chinois », qu'est-ce qui s'est passé avec *Nombres* et *Lois*, deux textes où se trouve *inscrite* la référence chinoise ?

Ph. S. : *Nombres*, dans mon fantasme à moi, est un livre qui annonce l'arrivée de la Chine. J'ai fait ça en 66-67 et *Nombres* est paru en avril 68. J'ai trouvé admirable que, à peine le livre était-il sorti, eh bien tout le monde était en train de se demander ce que c'était que l'apparition de la Chine dans l'atmosphère révolutionnaire. Et *Lois* est écrit en 70-71 et paraît en 72. Il y a un peu de chinois, là aussi, mais je me préoccupe déjà de tout autre chose, qui est la refonte du français dans un phrasé plus populaire, plus audacieux au niveau de la rapidité d'élocution, du côté direct de l'expression.

S. K. : Mais *Lois* ne peut pas être détaché de tout ce que vous avez vécu pendant ces trois ou quatre ans. Je pense aux activités politiques de *Tel Quel* à l'époque.

Ph. S. : Pas du tout. C'est même aussi le compte rendu fidèle de toute cette convulsion. Il y a tout le niveau de l'intégration des éléments populaires et sociopolitiques. Il y a surtout une intégration plus profonde du choc, de la cassure historique qui a eu lieu en France entre 68 et 70. Donc, *Nombres* c'est l'annonce d'un orage qui arrive à l'horizon et *Lois* c'est l'enregistrement d'un choc qui vient de se produire au cœur même de la culture française.

S. K. : Parlons de cette cassure, de Mai 68.

Ph. S. : Je m'étais mis dans la tête de cultiver très rapidement des gens qui étaient responsables de cette insurrection de 68, c'est-à-dire de les sortir un peu de leurs habitudes stéréotypées – que d'ailleurs ils n'ont pas abandonnées, ce qui fait qu'à mon avis tout cela a échoué chaque fois parce que justement il n'y a pas coïncidence entre la culture, le langage et l'action. Donc, j'avais comme problème de cultiver éventuellement des sphères insurrectionnelles. J'étais dans cette utopie, que je n'ai plus du tout maintenant, que la révolution du langage et la révolution dans l'action sont des choses qui doivent absolument marcher du même pas. C'est une idée qui vient des formalistes ou des surréalistes d'une certaine façon. C'est l'illusion des avant-gardes européennes au XXe siècle, qu'il faut complètement abandonner parce que c'est une erreur de vouloir que tout marche à la même vitesse. Ça ne peut pas coïncider. On se retrouve tout seul dans un train qui s'est emballé et avec des gens qui tout simplement pensaient à tout autre chose qu'à révolutionner le langage. En fait, ils font la révolution pour revenir à un marxisme de conformisme. La vision romantique d'une Chine insurrectionnelle, qui invente un tout autre modèle pour la société, devait fatalement revenir à quelque chose qui au fond sera une simple coloration de l'expérience soviétique, ce que l'histoire chinoise elle-même a vérifié.

S. K. : Par « vision romantique » vous vous référez sans doute à la réception en France de la Révolution Culturelle chinoise. Pourriez-vous préciser cette vision, et en quoi était-elle romantique ?

Ph. S. : *Tel Quel* s'est trouvé ballotté dans cette affaire du mouvement « maoïste » comme on l'a appelé. Ça a été très fort pour *Tel Quel* et je dirais pour la plupart des intellectuels français que vous allez retrouver plus tard sur la scène philosophique ou idéologique, et qui étaient à l'époque très touchés par ce courant, qui était à la fois un ébranlement insurrectionnel français mais aussi qui venait...

S. K. : Pas seulement en France mais aussi en Allemagne en 67...

Ph. S. : Partout. Il y a eu une sorte de déferlement très étrange dont on pourrait dire que, plus ou moins mythologiquement, le centre se trouvait en Chine. C'était quand même curieux.

S. K. : Pourquoi curieux ?

Ph. S. : Parce que, pour la première fois, la Chine

émettait le message. Et on a reçu ce message, je crois, en fonction de la très grande morosité du modèle soviétique, qui commençait à apparaître mais qui se dévoile avec encore plus de force à partir de 74, avec Soljénitsyne. Il y avait donc l'enkystement, la stratification complètement bloquée du marxisme soviétique. Et alors, que ce soit en France, en Tchécoslovaquie ou ailleurs, ça a été comme une tentative de se dégager de ce modèle soviétique avec des composantes libertaires ou anarchistes fortes. La Chine paraissait être le lieu où reprenait l'émission en direct, vivante, de la volonté révolutionnaire. Ce qui quand même est extraordinaire parce que jamais un message direct n'est venu de Chine vers l'Occident avant. La simple formule stéréotypée : « Le vent d'est l'emporte sur le vent d'ouest » était à l'époque quelque chose qui paraissait renverser les coordonnées classiques de la planète.

S. K. : Parce que, jusqu'à ce moment-là, la Chine était silencieuse ?

Ph. S. : Silencieuse, et finalement exploitée depuis au moins la guerre de l'Opium.

S. K. : Si j'insiste un peu sur la Chine, c'est qu'une certaine forme de maoïsme a quand même joué un rôle de premier plan dans le parcours politique de *Tel Quel* au cours des années 68-72. Dans quelle mesure est-ce que le mouvement de la Révolution Culturelle a été pensé et interprété ? Dans quelle mesure est-ce que la notion même de mouvement a été analysée et comprise ? Vous parliez de l'intégration de la révolution du langage dans une révolution active et militante. Comment *Tel Quel*, en tant que pratique du langage, dans le langage, envisageait-il cette intégration ?

Ph. S. : C'est tout le problème. Voilà comment ça s'est passé. Il y a eu tout de suite des discussions très longues, très compliquées. Il y avait ceux qui étaient passionnés par ce qui se passait en Chine et qui trouvaient qu'il y avait là quelque chose de tout à fait nouveau : l'insurrection, l'apparition des signes chinois. Il y a eu une diffusion énorme du chinois; les ondes transmettaient des Chinois qu'on voyait; les Chinois avaient l'air d'exister alors qu'on ne les avait jamais vus. Et puis il y avait cette histoire de Daze Bao, qui n'était pas n'importe quoi pour quelqu'un qui s'intéresse à l'écriture et au fonctionnement de l'écriture dans l'espace. Cette espèce de folie d'affichettes, des proclamations, l'entrechoquement, l'annulation des unes par les autres, c'est quand même une expérience extraordinaire de surgissement du langage. Alors, il y avait ceux que ça intéressait et puis ceux qui étaient contre, ceux que ça dérangeait. Pour ces derniers, l'histoire ne devait pas se dérouler comme ça, c'était un accident, une sorte de crise de fièvre, une épilepsie barbare. Pour les autres, c'était un phénomène qui, quoique barbare, portait quelque chose de tout à fait contraire de ce qu'il avait l'air de porter. C'est très simple de dire : la Révolution Culturelle est une époque terrible pendant laquelle tout le monde a été persécuté, les artistes, les intellectuels. Certainement, c'est vrai. Mais peut-être qu'on n'aurait jamais entendu des Chinois sans ça non plus, qui seraient restés de « braves Russes », des Russes qui ont l'air chinois, des Russes qui sont habillés de corps chinois. Moi, ce qui m'intéressait, c'est que les Chinois soient chinois, et que ça ne soit pas des Russes habillés de corps chinois. Je crois que ça reste la chose fondamentale aujourd'hui.

Alors les conflits étaient là. C'était un conflit politique tout de suite, entre ceux qui étaient pro-russes, ceux qui étaient pour les partis communistes, et ceux qui étaient contre. C'était un conflit politique très fort parce qu'il y avait des enjeux énormes en France. Il y avait le fait de savoir quelle culture défend le parti communiste : en gros, c'était toujours la même culture académique – Aragon, la répétition, l'académisme. Les autres voulaient une culture qui serait plus ouverte, plus expérimentale, plus poussée. C'est-à-dire : est-ce qu'on bouleverse un peu la bibliothèque parce qu'on a introduit de nouvelles données dans la bibliothèque, ou est-ce qu'on s'en tient à telles sections restreintes de la bibliothèque ? Est-ce qu'on introduit toute la Chine dans la bibliothèque ? Moi, j'étais pour, mais il y avait ceux qui trouvaient que finalement ça allait faire de la concurrence, que ça allait peut-être casser le marché de leurs propres productions, c'est-à-dire introduire trop de difficultés. Donc, il y avait comme toujours des gens qui avaient peur et puis ceux qui trouvaient qu'au contraire ça correspondait à leur propre expérience.

S. K. : Et cette expérience était liée à leur propre pratique littéraire, je veux dire pour ceux qui travaillaient avec *Tel Quel* ?

Ph. S. : Ce qui a été mis au premier plan, c'est une certaine communauté, une collectivité idéologique, et l'idéologie a pris le devant de la scène par rapport à ce qui ne continuait pas moins, qui était l'expérience littéraire personnelle. Très simplement, au fur et à mesure que la conception idéologique de l'activité symbolique s'est fissurée, est entrée en crise profonde – puisque c'est une banalité de dire aujourd'hui qu'il y a une crise générale des idéologies –, ce qui était derrière et qui impulsait le travail constamment, le travail littéraire à proprement parler, est venu davantage sur le devant de la scène, ce qui fait que l'accent est mis de plus en plus sur la créativité littéraire.

S. K. : Il y a eu quand même à cette époque-là, de la part de *Tel Quel*, l'énonciation d'une pratique collective de l'écriture.

Ph. S. : Oui, justement parce que l'horizon était celui de la communauté idéologique, qui était définie elle-même par une théorie de l'histoire à horizon et à base marxiste, et que de la crise de cet horizon et de cette base qui a explosé est venu le fait qu'il n'y a plus de conception collective. Ou alors cette conception collective est prise dans une nouvelle logique qui n'est plus du tout celle de l'idéologie mais celle d'un entrecroisement de singularités. C'est là où l'expérience est nouvelle. Donc, c'est très simple : l'explosion de *Tel Quel*, entre 68 et 75, c'est l'explosion de la référence marxiste à proprement parler. Si vous adoptez les coordonnées marxistes, il s'ensuit énormément de choses. C'est une conception du monde parfaitement cohérente, avec une logique propre, et qui peut se déduire comme une série de théorèmes qu'on peut répéter à longueur de temps. C'est une logique. Si cette logique entre en crise sous la poussée du réel têtu qui ne s'y plie pas, ou bien sous la poussée d'un désir subjectif plus profond, plus intense, il faut alors élaborer une autre logique des rapports entre sujets que celle qui consiste à se définir par rapport à cet horizon-là. Il faut bien dire les choses comme elles sont : le marxisme est la grande scolastique de notre temps. C'est une théologie laïcisée à l'usage des temps modernes, et la crise du marxisme, toutes proportions gardées, représente quelque chose qui pourrait être assimilé à une crise de la conception théologique du monde comme elle a eu lieu à la sortie du Moyen Age.

S. K. : Le marxisme comme nouvelle religion?

Ph. S. : C'est une religion parce que simplement c'est une théorie cohérente, consistante, qu'on peut adopter et dont on peut se déprendre. Je peux, si vous le voulez, vous mimer le discours marxiste, je connais parfaitement les axiomes de base, les enchaînements. Nous pouvons faire cela comme de la logique formelle où les propositions s'articulent d'une façon mathématique. C'est comme de la géométrie euclidienne : tout à coup vous pouvez la mettre en crise si vous inventez simplement une autre géométrie qui englobe la géométrie en question. Je crois que le problème ce n'est pas du tout la destruction du marxisme, la disparition du marxisme, c'est le fait que quelque chose se dégage qui va considérer le marxisme comme un sous-ensemble d'une logique plus ample. C'est donc un progrès de la raison et non pas du tout un retour à l'irrationnel. Il s'agit bel et bien de dépasser le marxisme et de définir ce qu'il comporte aujourd'hui de limites, exactement comme on invente un système mathématique qui englobe une logique antérieure.

S. K. : Qu'est-ce qui vous a servi de pont pour passer du projet collectif de *Tel Quel* à ce que vous venez d'énoncer ?

Ph. S. : C'est un livre de moi qui s'appelle *Sur le matérialisme,* où je me suis rendu compte que les fondements mêmes de la théorie marxiste étaient inappliqués, incompris. En poussant les choses dans le sens d'une étude approfondie de la tradition matérialiste et d'autre part du côté d'un approfondissement de la dialectique, en grattant ça vraiment à fond, je me suis rendu compte que le marxisme était un ensemble d'axiomes vides qui ne produisait pas la compréhension de la base même sur laquelle il avait été édifié. Cela venait tout simplement du fait que ce que j'écrivais me découvrait un continent absolument fourmillant, historiquement tout à fait étendu, une nouvelle façon de comprendre l'histoire, dans les détails, dans des ramifications plus précises. Sauf que là, je suis entré en contradiction avec la vulgate marxiste, avec le marxisme ossifié tel qu'il existe aujourd'hui. J'ai vécu cela exactement comme une contradiction entre ce que ma pratique de l'écriture m'apprenait et la référence qu'à l'époque je croyais nécessaire de prendre. Le plus drôle, c'est que les « marxistes », au fond, n'ont rien à faire de la complexité de la pensée de Marx, pas plus que les chrétiens des abîmes ouverts par l'Evangile.

S. K. : Et la pratique collective était entrée également en contradiction ?

Ph. S. : La pratique collective ne peut être définie que par rapport à l'idéologie, elle ne peut pas l'être par rapport à la pratique. Chaque pratique est singulière et la collectivité s'édifie toujours par rapport à un consensus idéologique. Ce dernier peut être d'ordre politique ou théologique, mais il ne peut pas être une collectivité de subjectivités. Parce que ce qui fait impasse à une collectivité de subjectivités, c'est précisément le point freudien, que nous avons toujours maintenu même à cette époque-là, avec les contradictions que ça supposait, mais que nous avons toujours maintenu d'une façon très stricte; la référence à Freud ou à Lacan a été toujours explicite et explicitement continuée. Et le point absolument cardinal de la théorie freudienne, c'est qu'il n'y a pas d'inconscient collectif, qu'il n'y a de cas que particuliers. C'est pour cela que nous avons toujours maintenu ce concept d'hétérogénéité, de singularité. Ce qui est entré en crise, c'est la conception de la collectivité comme arithmétique. Il y a autre chose à trouver dans l'ordre des rapports entre sujets que cette espèce de vieux terrain bien balisé.

S. K. : Vous faisiez partie à *Tel Quel* de ceux qu'on appelle les structuralistes?

Ph. S. : C'est possible.

S. K. : Il y avait un certain nombre de prémisses – écriture, texte, etc. – et parallèlement il y avait le maoïsme comme autre forme du marxisme.

Ph. S. : Croyait-on. Je ne le crois plus aujourd'hui. Je crois que malheureusement c'est tout simplement le marxisme, c'est-à-dire une logique d'ordre, une logique très pauvre, d'ailleurs.

S'il y a eu, pendant un moment, conjugaison du maoïsme et du structuralisme, c'était une conjugaison de résistance, de révolte. Le point qu'on oublie à mon avis toujours, c'est que pour que le nouveau s'exprime, puisse se frayer un chemin, il faut qu'il se révolte contre une opacité qui est là. Ce qui est premier c'est l'opacité, l'habitude, la sclérose, le freinage, le mensonge. Alors, vous parlez de structuralisme – groupe en fusion d'un moment ; du maoïsme – autre groupe – de l'expérience de *Tel Quel* en tant que se situant à une jonction entre ces deux choses et poursuivant une pratique littéraire. Ce que je peux vous dire c'est que ce qu'on appelle à un moment donné le « structuralisme » ou le « maoïsme », ce sont toujours des formations de révolte critique contre un état de fait. Quel était l'état de fait contre lequel se révoltait ce qu'on appelle le structuralisme ? C'est la conception fade de l'humanisme, sa conception du langage. Contre cette conception-là, les structuralistes disaient : cette conception philosophique ne marche pas, elle ne nous apprend rien sur l'ethnologie, la psychanalyse, la linguistique. Comme ils essayaient de faire arriver le nouveau concret auquel on est confronté dans la pratique, on les appelait structuralistes, tout simplement parce qu'ils s'opposaient à quelque chose. A quoi ? Au discours philosophique ressassé.

Il faut voir ça en opposition. Pourquoi est-ce qu'il y avait des maoïstes ? Les maoïstes, c'était des gens qui n'étaient pas contents de la façon dont le marxisme officiel fonctionnait, le marxisme soviétisé des partis communistes occidentaux, et puis la pratique d'intégration des syndicats et de la classe ouvrière à un processus dialectique bien connu de maître et d'esclave parfaitement d'accord pour que les choses durent, pour que les choses restent conservatrices. Prenez, par exemple, le parti communiste français : on se demande même pourquoi il s'appelle encore « communiste »; on pourrait tout aussi bien l'appeler « Parti National Populaire, le P.N.P., Georges Marchais secrétaire général ». C'est un parti nationaliste, parfaitement coupé de toute la mémoire même qui a fait les partis communistes de l'époque; mais cela est inscrit dans la logique même de la constitution et de la soviétisation du marxisme. Alors, on a appelé « maoïsme » tout simplement la révolte, tantôt très archaïque, stalinienne, tantôt au contraire de tendance plus anarchiste, libertaire, qui s'est levée contre cette espèce d'officialisation parfaitement académique et répressive du marxisme.

Donc, ces regroupements de collectivités, ponctuels et rapides, autour de *Tel Quel* – le structuralisme, le maoïsme – ne sont jamais que les symptômes de ce qui conteste très profondément l'ordre existant. Alors il faut définir cet ordre qui est contesté de différents points de vue, parfois très hétéroclites – littérairement, philosophiquement et scientifiquement, politiquement –, cet ordre qui est défini par une philosophie, une conception de l'histoire et du pouvoir, une conception économique. C'est important de définir cet ordre contre lequel le nouveau se manifeste parce que, sans ça, on ne comprendra pas la discordance entre les révoltes et l'expression qu'elles peuvent donner d'elles-mêmes. Donc, entre la conception de l'humanisme disons sartrienne et le marxisme bureaucratique soviétisé, il y a de profondes connivences qui, se donnant le masque d'un renouveau de la société, en fait sont la perpétuation de l'ancien. C'est pour cela qu'il y a ces espèces de percées, d'irruptions du nouveau, d'un nouveau qui se trompe souvent mais qui lutte pour s'imposer comme nouveau. Le fait de la collectivité n'est que le fait de gens qui se réunissent parce qu'ils se révoltent contre un ordre établi. Mais dès que cette collectivité gère l'ordre, alors ce n'est plus une collectivité intéressante; *Tel Quel* a été collectif jusqu'au moment où le mouvement a été menacé de cliché. Si le « telquélisme » était régnant, il faudrait le contester tout de suite; je serais le premier même à prendre la tête d'une opération de lutte contre ça.

S. K. : Et ça ne l'a pas été?

Ph. S. : Si, ça a risqué de l'être.

S. K. : C'est quelque chose comme un processus permanent?

Ph. S. : C'est toujours le même processus. Tant que les générations humaines se succèdent, il ne faut pas s'étonner que ça prenne chaque fois la forme d'une succession, de la répétition d'un certain nombre de traits communs. Ce qui est intéressant, c'est de trouver le point de vue par où cette espèce de répétition et de négation se comprend. On pourrait imaginer que le marxisme, muni de la dialectique matérialiste, aurait été capable de se renouveler sans cesse et de se contester tout le temps. Mao Zedong même le disait : « Dans le flot *infini* de la vérité *absolue...* » En principe, rien ne devrait s'opposer à ce qu'il y ait une contestation permanente. Mais il se trouve qu'on a très vite trouvé les limites de cette contestation du marxisme. Le marxisme n'est pas capable de porter cette contestation. Par conséquent il faut un point de vue plus radical, plus profond.

S. K. : La Révolution Culturelle était à l'époque une forme de contestation.

Ph. S. : C'est ce qui a essayé de se faire. Mais à mon avis ça s'est fait sur des bases trop utopiques. Mao Zedong était trop purement chinois. Il ne connaissait pas suffisamment la science. Tant qu'on n'arrive pas à dépasser le point de vue de la science, on reste sous sa domination. C'est le point fondamental. La science a toujours raison si on ne trouve pas une raison qui soit vraiment au-dessus d'elle. Parce que la science dit la vérité. Vous ne pouvez pas faire dire à des équations le contraire de ce qu'elles disent, et toute protestation contre cette rationalité scientifique est vaine. Mon point de vue est hégélien, si vous voulez, à ce moment-là, ou marxiste, mais d'un marxisme très particulier puisque je pense que la science n'épuise pas du tout l'ensemble du réel. Ce qui s'est passé pour la Chine, c'est que ce qui a essayé de se faire était en deçà de la science, tout en étant plein d'éléments probablement très nouveaux mais qui sont légués aux générations pour qu'elles les interprètent comme elles le veulent. Le point de vue archaïque consisterait à dire que c'est très mauvais la technique, la technocratie, la scientificité, le peuple est plus important que la science. Non, erreur! La science a toujours raison. C'est un point de vue qui à mon avis n'est pas à se qualifier humainement. Il n'y a pas à le trouver exaltant ou déprimant. C'est comme ça.

S. K. : Tout de même, le fait de la Révolution Culturelle a été interprété comme un geste de rupture positif pour un telquéliste de l'époque ?

Ph. S. : On était « maoïste » par souci de révolte. A ce moment-là, on rentrait immédiatement en contradiction avec les maoïstes eux-mêmes, c'est-à-dire avec les cohortes de maoïstes qui pensaient sur un modèle archaïque que le maoïsme c'était le retour à la tradition pure et dure du marxisme, c'est-à-dire au stalinisme. Le « telquéliste maoïste » de l'époque se trouvait triplement isolé : il comprenait qu'il y avait là un phénomène très important mais il ne pouvait pas du tout faire partager son interprétation par d'autres maoïstes ou alors il rentrait immédiatement en contradiction avec eux parce que ce qu'il proposait, par exemple sur le plan littéraire, était une technique et un produit hautement élaborés, un laboratoire dont les autres ne voyaient absolument pas l'utilité. A l'époque, le maoïste disait : « Pourquoi continuez-vous à faire *Tel Quel*? Pourquoi continuez-vous à écrire? Vous n'avez qu'à fermer votre bureau et vous mettre au service du peuple. » Ce qui était évidemment la réitération lamentable – dont on pouvait prévoir l'échec, mais les gens aiment l'échec, il faut croire; c'est une dimension très profonde du désir humain –, la répétition lamentable de l'expérience des partis communistes. C'était donc retourner à de vieilles erreurs, de vieilles ornières, et y retourner avec toute la force, toute la viscéralité du désir d'échouer qui est une dimension très profonde du désir humain, je le répète, parce que si le désir humain était fait pour aboutir, ça se saurait; il est surtout fait pour échouer et pour se contenter de cet échec.

Donc, le « telquéliste maoïste » était en contradiction avec les maoïstes. C'est une contradiction très profonde qu'il ne faut pas masquer aujourd'hui. Moi je l'ai vécue très profondément et c'était peine perdue. J'ai perdu deux ou trois ans à essayer d'expliquer les choses et puis j'ai vu que c'était dans le désert. A partir de là, je me suis dit que c'était moi qui me trompais, j'ai essayé de comprendre pourquoi et je crois que j'y suis parvenu. Pendant ce temps-là, les maoïstes se sont évaporés au grand soleil du réel, c'est-à-dire tout simplement de la rationalité. Je ne sais plus ce qu'ils sont devenus. Et *Tel Quel* a continué alors que les maoïstes ont disparu.

S. K. : Mais aussi ces contradictions et divergences que vous venez de tracer ne peuvent se comprendre qu'en référence à cette espèce de clivage qui travaille le marxisme de l'intérieur et dont vous avez fait mention plus tôt?

Ph. S. : Voilà. Il y avait au départ une contradiction entre l'appréciation du nouveau et le retour à des archaïsmes, c'est-à-dire l'interprétation du phénomène chinois comme étant le symptôme de quelque chose de très nouveau, planétaire, au lieu d'être au contraire le retour à une source qui aurait été trahie en route, voilà les deux interprétations, l'une moderne, finalement allant de l'avant, l'autre au contraire se repliant et revenant à des positions archaïques, l'interprétation archaïque étant largement majoritaire. Eh bien, qu'est-ce qui s'est passé ensuite? Ces marxistes ne comprenaient rien, des perroquets qui avaient quinze phrases à leur disposition; quinze phrases pour analyser la complexité du monde d'aujourd'hui, c'est quand même peu. Alors problème : découvrir pourquoi s'est formé ce cancer qu'on appelle le marxisme stéréotypé, le découvrir non pas d'après la stéréotypie du marxiste qui dit : « Ça dépend de la lutte entre la base et le sommet, etc. », mais le découvrir dans le marxisme lui-même, dans le fait qu'il fallait absolument le dépasser d'une certaine façon. A ce moment-là, il y a eu différentes tentatives, la plus importante étant à mon avis l'analyse du phénomène religieux resurgissant sur le terrain de la raison marxiste, c'est-à-dire la vérité du constat proposé par Soljénitsyne à l'époque, qui a été très importante pour plusieurs penseurs de la génération qui a suivi, mais qui a aussi immédiatement produit ses effets, c'est-à-dire le fait de découvrir de façon tout à fait extraordinaire que le marxisme n'arrivait pas à dissoudre le phénomène religieux et, n'arrivant pas à le dissoudre, le reproduisait en lui-même.

Prenez aujourd'hui le cas de la Pologne : c'est tout à fait intéressant de voir que les ouvriers font grève avec des crucifix. Il y a là une volonté très nette de se battre contre un pouvoir qui nie l'activité symbolique. Vous avez le catholicisme polonais en pleine effervescence, se révoltant, et qui pour la première fois introduit une fissure réelle dans le bloc policier et bureaucratique des pays soviétisés. Là-dessus, les rationalistes sont tout à fait étonnés et ne comprennent pas du tout ce qui se passe. Ils sont très gênés de voir Walesa, son crucifix à la main et sous le portrait du pape, réussir les plus grandes grèves des pays socialistes. Si un marxiste expliquait ça, il aurait le couplet comme quoi la protestation religieuse représente en effet le malaise économique et social, mais il ne comprendrait pas comment elle peut devenir efficace à ce point.

Le marxisme (forme forcée du rationalisme) est une religion et pire qu'une religion, en un sens, parce qu'il est encore plus appauvri que ce que stratifie une religion symboliquement. Il y a donc erreur sur le symbolique dans le marxisme comme dans le rationalisme. Cette erreur tient pour une grande part à la méconnaissance d'un certain nombre de découvertes, notamment la découverte freudienne qui est certainement la plus importante juste après Marx : qu'est-ce qu'il en est du désir humain, des pulsions, de cette affaire du sexe, etc. On a cette espèce de figement de la raison marxiste qui fait que, ô surprise ! le symptôme religieux resurgit dans toute sa splendeur, sans avoir été entamé en rien par la dissolution de la raison critique.

S. K. : Ce « nouveau » dont vous parliez tout à l'heure et que représentait ce qu'on appelle « l'époque de la pensée de Mao Zedong », comment le voyez-vous aujourd'hui à la lumière de ce que vous venez de dire ?

Ph. S. : Cette espèce d'intervention brusque de la Chine dans l'histoire occidentale avait à mon avis deux intérêts : premièrement, manifester sous une forme ultra-mythologique quelque chose comme un défi à la planète. Je me rappelle très bien un moment très vif, très lumineux, qui a été cette fameuse baignade de Mao Zedong, où j'ai eu l'impression que quelque chose s'écrivait vraiment dans le réel, dans le geste, dans la façon d'opérer. J'ai trouvé ça tout à fait étonnant comme mode d'intervention, que quelqu'un soit assez fou ou assez extravagant pour faire une sorte de passage à l'acte en direct et de jeter son défi à la planète tout entière et notamment à l'Union soviétique. Je crois que, dans sa sensibilité, il y avait ce côté utopique et anarchiste. C'était une façon d'essayer de faire sortir la Chine de l'histoire. Mais essayer de sortir de l'histoire, ça peut être précisément un geste d'écrivain. Comme disait Joyce : « L'histoire est un cauchemar dont j'essaie de m'éveiller. » Ça a été une tentative de s'éveiller d'un cauchemar, et évidemment on ne peut pas s'éveiller d'un cauchemar simplement dans la réalité, sans une transformation du langage. Donc les choses retombent. Mais l'expérience en elle-même, passant par une sorte d'ambition touchante, poétique, me paraît quelque chose d'assez fort dans l'histoire mondiale.

Il y a eu un point de crise extraordinairement dramatique dans cette affaire de la Révolution Culturelle. Je ne connais rien de plus pathétique en un sens que cette tentative de Mao Zedong à l'époque pour essayer de percevoir une autre logique possible. Et à mon avis ça a été un échec parce que, pour inventer une extension logique du continent marxiste, il fallait abandonner les prémisses. Or les prémisses étant ce qu'elles sont, ça ne peut donner qu'un spasme sur place, très violent, qu'on appelle la Révolution Culturelle, dont à mon avis l'essentiel est quand même ce qu'on oublie toujours de dire aujourd'hui : la rupture avec l'Union soviétique, une sorte d'écart par rapport à l'empire soviétique, portant par là même la crise dans le marxisme lui-même puisque c'est la première fois qu'il n'y avait plus d'unité dans le camp en question. Et depuis, les effets qui ont suivi, c'est non seulement une crise généralisée du marxisme mais aussi des symptômes qui sont apparus partout, tant et si bien qu'on peut dire que peut-être Mao Zedong a tué le marxisme. C'est probablement la raison pour laquelle il va être désormais refoulé ou critiqué ! La vraie interprétation, peut-être, de Mao, c'est d'avoir poussé le marxisme à son point d'incandescence pour le supprimer. Moi je rêvais d'une chose : que Mao, en 68-69, réunisse une grande manifestation de masse place Tian-An-Men et annonce au peuple chinois le dépassement ou la dissolution du marxisme, et ça aurait alors donné une crise gigantesque dans la civilisation chinoise. Malheureusement, il est mort avant, et bien sûr la machine a continué, il a été embaumé, etc.

Finalement, le vrai enjeu de la Révolution Culturelle, on ne le vit plus du tout aujourd'hui puisque la Chine a rebasculé dans l'orbite de l'histoire, au sens uniquement occidental du mot, c'est-à-dire qu'elle va se colorer selon la grande expérience de l'empire mondial actuel qui est l'empire américano-russe, composé de deux puissances qui à mon avis s'entendent très bien pour gérer la terre. Donc, il aurait fallu que la Chine ait une conscience technique plus élaborée. C'est cette conscience technique qui est en train de se mettre en place par la rationalisation technique elle-même, c'est-à-dire les oléoducs, le gaz, le pétrole, les machines-outils, etc. L'expérience chinoise prouve que pour faire consister le corps social on peut utiliser une vulgate marxiste très pauvre, mais que les vrais enjeux restent les enjeux économiques, techniques et scientifiques. Je crois que la pure gestion technique du continent chinois par le marxisme est désormais acquise.

Pour l'instant, ce qui me paraît très intéressant, c'est ce qui revient en Chine et qui est d'ailleurs probablement inéliminable dans toute société humaine : c'est ce que Freud appelait « le refoulement originaire » qui a lieu bien avant la constitution même de la société. Ce qui me paraît tout à fait symptomatique, récemment, c'est que finalement ça devient une histoire de femme. Le symptôme est devenu un symptôme féminin. Pour terminer cette grande affaire de règlement de comptes, de passation de pouvoir et de luttes pour le pouvoir, ce qu'a retrouvé une société pour se réconcilier avec elle-même c'est encore le bouc émissaire. Alors la Chine a tâtonné dans la désignation du bouc émissaire; c'est une histoire absolument zigzagante et entrecoupée et folle en un sens; tout cela est très délirant et très meurtrier. Et puis, on a trouvé probablement, à mon avis, le bon bouc émissaire, c'est celui qui va servir à la modernisation de la Chine, ce sera Jiang Qing, et c'est une femme! Là, il y a quelque chose qui est intéressant : il y a le fait que ça aura été la veuve du Grand Homme et que, par conséquent, il y a là quelque chose de probablement intolérable pour la société chinoise, sexuellement. Il y a dans le règlement de comptes reporté sur Jiang Qing (et qui sert d'ailleurs à masquer la répression du mouvement démocratique, Wei Jin Sheng par exemple), un élément sexuel à mon avis très fort pour le désir ambiant, s'agissant des mécanismes de répression et de refoulement. On a trouvé la sorcière, le monde entier est content. C'est le premier grand procès en mondiovision de la Sorcière universelle, et elle est chinoise, cela devrait nous faire réfléchir.

S. K. : A l'époque où vous aviez commencé à vous intéresser à la Chine, ce n'était pas tant la Chine marxiste-léniniste que la Chine taoïste...

Ph. S. : C'était plus particulièrement le taoïsme. Il y avait la lecture de livres comme ceux de Maspero ou de Marcel Granet, *La Pensée chinoise.* Mais il y avait quelque chose qui n'était pas seulement du savoir mais une sorte d'expérience personnelle qui faisait rupture pour moi très fortement avec la culture occidentale avec sa façon de se centrer, de faire axe sur une sorte de complétude, d'unité substantielle.

Il y avait cette idée que le sexe n'est pas une chose emphatique, que c'est une dimension qui peut être considérée de façon stricte et qui doit donner lieu à une connaissance translogique, quelque chose entre la technique et le silence. Je crois que la question sexuelle, ce qui est perceptible, quoique de façon très discrète et probablement toujours refoulée, de la tradition érotique chinoise est une chose qui a déterminé beaucoup l'intérêt de certains vers la Chine, en tout cas le mien. Il est certain que la technique érotique chinoise, ce qu'on peut deviner de l'utilisation, tout à fait hors de toute culpabilité, de l'érotique chinoise me paraît, dans ses rapports avec la poésie, la peinture, la mystique, quelque chose de très particulier. Je n'en trouve pas trace dans les autres cultures.

Ce qui m'intéressait aussi, pour répondre d'une expérience très particulière, c'était la recherche vers la Chine de cette tradition taoïste, c'est-à-dire quelque chose de l'ordre du vide. Parce qu'il faut trouver un vide qui ne soit pas un plein déguisé, n'est-ce pas, qui soit un vrai vide, et ça, c'est très difficile. Ce qu'on prend généralement pour le vide, notamment dans les théories matérialistes, n'est qu'une sorte de substantialisme déguisé. Donc, qu'est-ce qui fait interruption ? qu'est-ce qui est d'un autre ordre que le monde des phénomènes ? qu'est-ce qui est comme un trou dans le tissu des phénomènes ? Là encore une fois la Chine m'intéresse de ce point de vue. Par exemple, si vous prenez le « Pi » qui est un symbole viril, eh bien, que ce soit un cercle troué me paraît une intuition extrême. Ce qui m'intéressait à l'époque c'était de voir, par exemple, que la catégorie dite du phallus n'avait absolument pas sa correspondance en Chine ou en chinois; il s'agit d'un phénomène restreint à un type de culture méditerranéenne ou indienne. Mais en Chine, bizarrement, on a l'impression que les coordonnées s'inversent et que là où il y avait du plein ou quelque chose d'érigé on obtient au contraire une coupe avec un trou : du vide. Donc, c'est quelque chose qui propose, du corps et du rapport entre le corps et le sexe, et entre le sexe, le corps et le symbolique, comme une autre logique que vous retrouvez fonctionnant et qui intrigue tout le monde dans ce qu'on appelle la pensée chinoise, pensée qui passe pour être d'un autre ordre ou d'une autre nature. Moi, elle me semble émaner de moi, spontanément, bien que je n'aie pas l'air d'être chinois. Alors c'est étrange pour un Occidental de ne pas retrouver dans les coordonnées de sa propre culture quelque chose qu'il retrouve au contraire tout à fait en évidence dans une culture orientale.

S. K. : Et vos travaux ont gardé la trace de cet intérêt pour la symbolique chinoise ?

Ph. S. : Ce qui me préoccupe à ce moment-là, c'est-à-dire vers les années 67-68, c'est en effet de trouver – je sentais que la rhétorique occidentale ne marchait plus – une construction de langage qui serait susceptible d'intégrer cette expérience chinoise et de fabriquer une autre phrase de part en part. Ça, je vais y arriver beaucoup plus tard : c'est à peine depuis sept ou huit ans que j'ai trouvé mon régime continu d'écriture, c'est-à-dire avec des tas de petites subtilités techniques comme la suppression de la ponctuation ou la métrique extrêmement répétitive. Mais enfin tout ça vient d'une certaine façon de la Chine.

S. K. : Je me rappelle avoir lu de vous des traductions de certains poèmes de Mao Zedong.

Ph. S. : J'ai fait ces traductions-là de façon très provocatrice pour en partie démontrer que la façon dont le chinois était traduit d'habitude par les lents professeurs occidentaux restait prisonnière de formes académiques et qu'elle ne donnait pas la traduction littérale, directe, de cette espèce de condensation télégraphique, de cette longueur d'ondes différente du fonctionnement. Je crois que c'est une des premières fois où on a traduit du chinois d'une façon qui essayait d'être le trait même de la chose sur la page, en supprimant les pronoms, les indéfinis, les « le », les « de ». L'effet à produire était celui d'une « nappe de ciel sans couture ».

S. K. : En réduisant tout indice de contrôle ou de détermination par la syntaxe française. Donc la pratique de la traduction a été en même temps pour vous le moyen de transformer la langue française ?

Ph. S. : C'est cela. Ce que je voulais montrer, c'est que le français avait subi une sorte d'engorgement, de retard rhétorique par rapport à des formes qui pouvaient être beaucoup plus directes. Il y a deux expériences qui me paraissent importantes en français : c'est soit l'expérience très importante du parler – par exemple Céline –, soit une transformation qui irait davantage dans le sens de l'idéogramme, c'est-à-dire la rapidité de l'intervention écrite. Mais les deux choses se rejoignent quelque part : la parole et l'écrit peuvent être plus condensés, plus rapides et vivants que l'éternel discours gréco-latin, très décadent ou très loin de sa source originaire. J'ai vécu toute cette époque comme une époque de refonte des différentes rhétoriques.

S. K. : Avec *Lois*, par exemple, il y a déjà une réflexion sur l'écriture et le temps.

Ph. S. : Oui, l'introduction d'une conception du temps autre. Ce qui a toujours été d'ailleurs mon problème, c'est de trouver un temps comme on n'en a jamais vu ou jamais compté. Et là, l'expérience va se précipiter après avec *H* et surtout avec *Paradis. Lois* c'est d'ailleurs un livre qui a provoqué une sorte de scandale, de répulsion de la part de la critique académique, qui m'a été beaucoup reproché pour son côté sexuel et pour la trivialité quelquefois des expressions et l'aspect un peu dur de sa conception. C'est un livre qui m'a fait beaucoup d'ennemis, qui a été mal pris.

S. K. : Ce qui n'a pas été le cas avec *Nombres.*

Ph. S. : *Nombres* est plus sage, plus académique et surtout a été soumis à un commentaire philosophique et universitaire très fort. C'est-à-dire que par le biais de l'université s'est posé à propos de ce livre un certain nombre de questions philosophiques. Derrida notamment, dans son texte *La Dissémination,* a trouvé là en quelque sorte l'illustration de sa théorie. Ce qui fait que c'est le livre qui en général est pris comme l'illustration d'une théorie sur l'écriture et le langage.

S. K. : Ce qui est inquiétant, c'est justement l'expression « illustration d'une théorie »...

Ph. S. : Ça m'est arrivé. J'ai été arraisonné par la pensée théorique pour l'illustrer. Et la pensée théorique, en France et partout dans le monde aujourd'hui, est la chose qui semble être le comble de l'activité symbolique, alors que pour moi, au contraire, ça a toujours été la littérature, la création littéraire.

L'Université me fait mourir en 1968. Il se trouve qu'on est en 1980 et que j'ai écrit beaucoup d'autres choses. Mais l'Université a décidé que je ne devais pas être vivant après 68, parce que j'avais donné de grands espoirs au désir que les choses fonctionnent de façon idéale entre la philosophie et la littérature, de telle façon que la littérature soit en quelque sorte l'illustration de la philosophie. Ce que je ne pense pas.

Mais les choses étant ce qu'elles sont, et le conformisme étant ce qu'il est, il m'est arrivé cette récupération, dont je ne me plains pas puisque ça permet de passer par le canal du savoir universitaire. *Lois* est une rupture avec cette récupération, c'est-à-dire que je me révolte contre l'image qu'on se fait de moi et contre la récupération dont je suis l'objet. Donc, dans un sursaut de mauvaise humeur, je prends parti pour une subversion dans ce domaine. *Lois* est un livre qui n'a provoqué, à ma connaissance, aucun commentaire universitaire ou philosophique alors qu'il est bourré aussi de concepts très importants.

S. K. : *Lois* a été votre insurrection personnelle ?

Ph. S. : Oui, et mon insurrection a réussi. D'ailleurs, je pense que vous avez remarqué que sur la couverture du livre il y a une clef chinoise. Je voulais jouer sur « fa », la clef du caractère chinois qui sert à former « la France » et « la loi ». Et si j'ai mis le caractère chinois sur la couverture, ça ne doit pas être par hasard. C'est une déclaration de guerre à beaucoup de choses à la fois et notamment à l'esprit de sérieux, ce qui n'est pas rien. C'est-à-dire que c'est aussi un livre très gai, que j'ai écrit avec une sorte de rire permanent. Il y a tout un côté rabelaisien de rire et d'humour; c'est le retour de l'humour comme critique dans la littérature. C'est un livre très dur, virulent. Le changement principal, c'est l'arrivée de cette tonalité de dérision, où le savoir et la philosophie sont tournés à la moulinette de la dérision. C'est une entreprise de destruction tout à fait ouverte. Et ça a été perçu comme une révolte tout à fait de mauvais goût. Il y a d'ailleurs des choses de très mauvais goût, exprès, qui sont utilisées pour casser cette espèce de respect académique entre enseignant et enseigné, la salle de l'université, la transmission du savoir, etc.

S. K. : Et *Nombres* était un livre sérieux?

Ph. S. : Oui. Les problèmes que je me suis posés avec *Drame* et *Nombres* sont des problèmes d'ascèse. Ce sont des livres très concentrés, où je voulais trouver un espace de pensée, de méditation poétique – en enlevant à cette expression son caractère un peu sucré –, un nouvel espace « renversé » un peu comme Mondrian. Donc, ça a porté sur la logique de la composition, sur l'invention d'une nouvelle géométrie des phrases et des propositions[1]. L'effort est très tendu vers une sorte de saisie de l'écriture à sa source, dans ses racines, dans une nouvelle logique. Ce qui fait justement que ça ait pu paraître être l'illustration d'une théorie qui se centrait sur l'écriture.

Qu'est-ce qui s'est passé? Etant donné la profondeur de l'expérience, c'est le fait d'avoir inventé un

1. On en trouve des traces visibles, au niveau du montage, dans un film réalisé en 1963 avec Jean-Daniel Pollet : *Méditerranée*.

sujet très peu personnel et très peu centré sur le moi. C'est une expérience où le sujet a l'air de parler en première personne au nom de toute l'histoire, de toute l'expérience possible de la pensée humaine. Ce qui a été perçu c'est que j'aurais fait, avec ce livre, la démonstration que je n'existais pas. Ce qui fait que j'ai été obligé de corriger les choses en disant que j'existais, aussi. Le coup était probablement si réussi que c'est comme si j'aurais dû être mort après. Ça aurait été plus simple, d'ailleurs, on aurait eu un livre qui se serait écrit tout seul, en quelque sorte. C'est précisément ce que j'avais tenté de faire : donner l'impression de quelque chose qui se serait écrit tout seul. De ce point de vue, c'est une réussite. Mais il n'en reste pas moins que c'est quand même moi qui l'ai écrit, et ça durera plus longtemps que les théories qui s'en sont servies comme illustration, et qui passeront plus vite que la littérature.

Il y a là un symptôme très intéressant qui est aussi une lutte de pouvoir. C'est la tentative de maîtrise de la sphère philosophique sur la sphère littéraire. C'est une vieille histoire, ça traverse absolument toutes les cultures. On pourrait même dire que c'est une lutte entre Confucéens et Taoïstes, à la limite. Et c'est une lutte qui est aussi très sexuelle, et c'est tout à fait normal. C'est en quelque sorte la lutte entre l'esprit religieux et l'esprit mystique : c'est la même tension, la même opposition sur un terrain extrêmement brûlant. Il y a toujours eu ce conflit avec quelqu'un qui prétend incarner une sorte d'exception. Ce n'est pas la lutte entre le maître et l'esclave, c'est une lutte entre deux types de maîtrises : l'une qui est très subjective, centrée sur l'expérience personnelle avant tout, et très mystique au fond ou sensuelle, ce qui revient au même pour moi – le débordement sexuel ou la mystique, comme l'a très bien dit Georges Bataille, ce sont deux mêmes types d'expériences, ce qui est très difficile à concevoir pour la philosophie occidentale mais qui me paraît être à l'horizon de la pensée chinoise – et puis, d'autre part, une conception du monde et du langage liée à la philosophie. Le sujet de la philosophie n'a pas à raconter ses expériences de sujet; le philosophe n'a pas à faire part de sa façon de vivre, de ce qu'il a dans son appartement, de ce qu'il accroche au mur, etc. Ce qui fait que la biographie des philosophes relève à mon avis du plus grand comique. Entre cet esprit qui se meut dans l'absolu et la photographie que l'on peut prendre à chaque instant de sa façon de vivre et de se contenter seulement de cela dans la vie, je trouve que ça relève du comique.

S. K. : Revenons à *Nombres*. Lors de notre dernier entretien vous avez indiqué la présence chinoise dans ce texte sous l'angle des événements sociopolitiques de l'époque. Je vais vous demander de parler un peu de l'insertion du signe chinois dans le tissu textuel de *Nombres*, du chinois en tant que signifiant détaché du signifié puisque, très simplement, le lecteur (français) n'est pas censé comprendre ce signe.

Ph. S. : C'est extrêmement pertinent parce qu'en effet vous avez très bien dit la façon dont ça fonctionnerait en fait, c'est-à-dire que le signifié est diffus, disséminé dans ce qui précède l'apparition de ce signe chinois. Donc, ça produit l'idée – ce n'est pas par hasard que le livre s'appelle *Nombres* – que quelque chose va se résumer brusquement par l'apparition de ce signe chinois, comme si on passait d'un ordinateur à un autre ordinateur.

S. K. : Il y a donc une interruption radicale, une rupture qui ressemblerait à une sorte de distanciation...

Ph. S. : Ce n'est pas une distanciation, c'est « instanciation » qu'il faudrait dire. Ça ne donne pas vraiment une distance puisque le lecteur ne comprend pas. Au contraire, ça lui donne l'impression que c'est une sorte d'impératif, ça l'implique davantage dans la mesure où il ne comprend pas. C'est justement ce qu'on appelle « être instant ».

L'idée de base, c'est que j'invente une écriture qui peut passer à travers toutes les langues. Il se trouve qu'elle est écrite en français et que je n'utilise pas, ou très peu, même dans les recherches récentes, une condensation de plusieurs langues à la fois, comme Joyce par exemple dans *Finnegans Wake*. L'idée c'est donc que j'écris quelque chose qui se trouve être coloré par une langue particulière, mais que je traverse toutes les langues possibles et imaginables. On pourrait imaginer qu'il pourrait y avoir de l'hébreu par exemple. Mais à l'époque c'était le chinois. Aujourd'hui, je suis plus proche de l'hébreu, mais c'est une autre affaire.

S. K. : Ce n'est pas seulement « *mais* il y a le chinois »...

Ph. S. : L'enjeu de ce type d'écriture ne serait compréhensible un jour complètement qu'à partir du chinois. Ce n'est pas parce que les gens vont apprendre le chinois qu'ils vont comprendre le livre. Mais si un Chinois arrivait à se détacher complètement du chinois...

J'ai toujours ce rêve que la première écriture est chinoise, la chose la plus fondamentale, la tortue qui sort de l'eau avec ses signes qui apparaissent sur la surface, qui au départ ne sont même pas tracés mais qui ressortent de la surface elle-même. Donc, pour moi, le chinois c'est vraiment le point limite où on ne peut pas distinguer entre le support et la marque. La marque est en même temps le support, le support est la marque. Ça revient justement à cette logique très particulière du plein et du vide, qui fait que vous n'avez pas quelque chose d'écrit sur une surface mais une gravitation qui contient son propre support au moment même où ça s'écrit. C'est le type d'écriture mythique que je cherche, c'est-à-dire une voix qui raconte la façon dont ça s'écrit pour bien marquer que ça n'est pas quelque chose qui s'écrit sur une surface mais que l'on est dans un milieu tout à fait étrange où le fait même de s'écrire produit un espace. Le déploiement d'un espace ou d'une surface est absolument concomitant au fait que quelque chose y soit tracé. Il y a simultanéité. C'est pour ça d'ailleurs que ça interroge tellement la philosophie. Trace et support. Mais vous ne pouvez pas distinguer l'un de l'autre. Et le chinois me sert à faire sentir ça. Ce que raconte le reste, le récit tout entier de *Nombres* raconte ce que le signe chinois est chargé d'indiquer. C'est pour cela que je vous parle de résumé. Le fonctionnement même de l'idéogramme chinois pour moi c'est tout ce qu'il y a à raconter; il n'y a pas à raconter autre chose.

S. K. : Qu'en est-il de *Tel Quel* aujourd'hui, pour vous ?

Ph. S. : Je crois qu'il y a quelque chose qui commence et qui s'appelle *Tel Quel* et c'est aussi une revue. Ce qui a sauté, c'est l'idée que le groupe, l'activité des uns et des autres et même la revue devaient être subordonnés à une vue d'ensemble politique. Je crois que *Tel Quel* aujourd'hui reste très fort, pas seulement comme revue, mais comme réseau de recherches, parce que ce qui s'est constitué de façon théorique depuis 75-76 – par exemple le livre de Kristeva sur l'abjection – est une activité qui a l'air moins rassemblée, moins monolithique, mais qui en fait est peut-être beaucoup plus subversive, plus active, dans la mesure où elle est dispersée, avec des points de singularité très bizarres. *Tel Quel* change de topologie, peut-être parce qu'on était arrivé au moment où on allait devenir très vulnérable en étant très définissable. Il y a eu alors une sorte de mise en question de *Tel Quel* par *Tel Quel*, ce qui est un exemple de révolution permanente.

Aujourd'hui, je crois que c'est la continuation tout à fait stricte du même travail, dans la mesure où l'ambition a toujours été d'ouvrir un angle de référence historique très grand. Chacun poursuit ses travaux, il y a des différences mais ça revient quand même toujours à la même logique qui ne peut pas être ramenée – d'où la difficulté que j'ai à vous la définir – à un programme mais à une série de ruptures, c'est-à-dire : traiter systématiquement les failles logiques, les contradictions, les refoulements;

ça peut être telle analyse du fait religieux, telle analyse de fonctionnement de langage, telle analyse psychanalytique, telle analyse de l'art... Et puis, *Paradis*. C'est simplement la coïncidence entre la pratique et ce qui est dit sur la pratique, de plus en plus, en se méfiant des englobements et en se méfiant donc du langage idéologique englobant qui freine l'expérience.

S. K. : Sur quels « maillons faibles » vous concentrez-vous en ce moment ?

Ph. S. : Je dirai que ce qui m'intéresse plus particulièrement c'est la théologie. Je pars d'une hypothèse très simple, à savoir qu'il y a deux mille ans de christianisme impensé; personne ne s'est vraiment interrogé sur la façon dont ça fonctionne.

S. K. : Peut-être René Girard, d'une certaine façon ?

Ph. S. : Il faut voir si Girard continue, s'il va plus loin ou s'il fait autre chose (si, par exemple, son aversion pour l'éclairage freudien ne le bloquera pas, comme bien d'autres). Je crois qu'il est tout à fait important d'essayer de comprendre ce phénomène de deux mille ans. Pas seulement la théologie mais également de savoir ce qui s'est stratifié comme monothéisme, comme différentes sortes de théismes dans la culture occidentale. Ça peut consister aussi dans une interrogation très nouvelle et très importante du judaïsme, qui est à analyser dans la logique d'exclusion dont il fait l'objet. On peut se demander par exemple pourquoi cette tradition-là a été aussi refoulée dans l'histoire occidentale même, pourquoi il y a eu une sorte de méconnaissance, de résistance extraordinaire qui implique rien de moins que la philosophie occidentale. Vous voyez, le geste est le même : essayer de repérer les bords par où un ordre s'instaure en excluant les particularités. C'est comme ça d'ailleurs qu'il faut à notre avis essayer de repérer comment fonctionne la littérature.

S. K. : Cette réflexion procède au même pas que *Paradis*?

Ph. S. : Certainement. Il y a une jonction tout à fait nette. La théologie, ça peut paraître très saugrenu mais ça s'est imposé *à cause* de *Paradis*, c'est ça l'intérêt. C'est le fait que vous construisez un appareil, et brusquement quelque chose s'impose comme question. Moi, je procède toujours comme ça. J'écris d'abord, je laisse fonctionner le langage, je travaille, ça fait une sorte de champ de force, et à partir de là des questions surgissent. Mais elles ne surgissent pas abstraitement d'une méditation philosophique, elles surgissent du travail sur le langage. Donc, toutes les questions que je me pose surgissent de *Paradis*. Ensuite, j'essaie de comprendre.

Paradis parle de lui-même, c'est-à-dire que c'est un appareil qui parle de sa constitution, un peu comme une machine comme on peut en rêver dans l'état actuel de la technique, une machine qui peut vous donner à chaque instant ce qu'elle a comme mémoire de sa constitution. Je fais ça depuis que j'écris : fabriquer quelque chose qui raconterait sa propre fabrication. C'est le geste constant chez moi, je n'en ai pas d'autres, à la limite. C'est une façon pour moi de trouver le niveau le moins métaphysique pour poser toutes les questions métaphysiques et, au-delà, de dissoudre toutes les formations idéologiques, transitoires ou secondaires.

Septembre 1980

VII

POURQUOI JE SUIS SI PEU RELIGIEUX

LOUIS CANE : Quel rapport y a-t-il entre votre travail d'écrivain et les Ecritures... Pourquoi le style d'écriture de *Paradis* vous conduit-il à évoquer les religions ?

PHILIPPE SOLLERS : Je vous réponds par *Paradis* parce que c'est pour moi la réponse la plus intéressée, donc la plus honnête, à la question que vous me posez.

D'une part parce que je suis en train d'écrire cette petite chose depuis cinq ans, qui a le plus évident rapport de référence aux différents textes et contextes dits religieux et qu'en quelque sorte j'ai tout naturellement tendance à penser que votre question fait partie du travail que j'accomplis. Je veux dire par là que si votre question surgit aujourd'hui, elle ne tombe pas du ciel. Il se trouve que depuis un certain temps est reposé le problème de ce qu'il en est d'un signifiant fondamental pour notre civilisation, savoir s'il tient le coup ou s'il ne tient pas le coup. Après qu'on eut cru l'éclairer ou le dissoudre par la philosophie ou l'application politique du discours philosophique, on est bien obligé, devant l'effondrement de l'histoire du XXe siècle, d'aller sonder un peu plus loin, un peu plus profond. On tombe donc automatiquement sur ces couches religieuses. On les trouve après quelqu'un qui les a trouvées avant nous et qui est en cause dans tout ça, c'est-à-dire, bien entendu, Freud. L'enjeu actuel étant de savoir si on laisse ouverte la question posée par Freud ou bien si l'on s'active à la refermer. Personnellement, en écrivant *Paradis,* j'ai l'impression de peser par écrit pour que cette question reste ouverte, pour l'empêcher de se refermer. Pour qu'elle reste ouverte dans des dimensions qui touchent à la fois les deux Testaments, mais pas seulement eux, tout aussi bien le troisième terme de ce qu'on appelle les religions monothéistes, à savoir l'Islam, et pas seulement la triade monothéiste : judaïsme, christianisme, islamisme, mais tout aussi bien, et pourquoi pas, la dimension indienne ou chinoise, etc.

Votre question se limitant curieusement à ce qu'il en serait d'un conflit, d'une contradiction éventuelle entre judaïsme et christianisme à propos de l'art, m'intéresse et en même temps j'interroge son actualité qui a voulu que vous vous borniez à ces deux formes religieuses comme si, en effet, la difficulté était de savoir exactement ce qui s'est passé entre ces deux formations. Je pense que votre question a, pour une part, des fondements historiques et politiques, mais aussi un contexte historique national très important.

Pour vous répondre tout de suite, je vous dirai que je ne m'intéresse absolument pas à la prééminence d'un texte religieux sur les autres, à l'origine éventuelle, dans le temps, d'une source qui serait plus authentique que les autres. Ce qui m'occupe, c'est de savoir pourquoi un signifiant dit religieux est vécu de façon imaginaire comme religion. Autrement dit, ce qui m'intéresse, ce n'est pas du tout la religion. Pour que les choses soient très claires, pour éviter tout malentendu, je ferai une affirmation de position radicalement areligieuse. S'il m'arrive, de temps à autre, de mettre l'accent, non sans humour il me semble, sur le catholicisme en tant que matrice d'une certaine élaboration esthétique pour l'histoire occidentale, c'est que je considère – et je pense que cela peut se prouver – qu'un certain dépassement du religieux se trouve précisément dans cette configuration catholique. Ce n'est pas la vraie religion, comme disait Pascal, c'est le lieu du moins de religion possible. En quoi, bien entendu, ça m'attire, sauf à démontrer que, par une position antireligieuse ou areligieuse de type rationaliste, on obtient effectivement un moins de religion par rapport à cela. Or l'histoire des deux derniers siècles, à mon sens, démontre qu'à vouloir à toute force se mettre à la place de l'Eglise catholique – car c'est ça le fantasme fondamental de toutes les révolutions qui s'enracinent dans la révolution française – on obtient, pas du tout comme on le prétendait, comme on le croyait, un moins de religion mais un *plus* de religion. Ce qui fait que pour l'histoire occidentale et pour l'histoire tout court, le malaise est de découvrir que l'endroit du moindre religieux reste, ni plus ni moins, la structure catholique. C'est démontrable. (Ce qui ne veut pas dire que ça peut convaincre n'importe qui.)

Pourquoi est-ce que c'est le lieu du moins de religion ? Bien entendu, il va falloir se demander d'où ça sort. Eh bien! en effet, c'est une histoire fondamentalement de discours. C'est une histoire de discours pour la bonne raison qu'il se passe à l'intérieur du judaïsme cet événement qui s'appelle la position trinitaire. Vous voyez, je reviens toujours sur ce point[1].

Ce qui fait qu'aujourd'hui, quand on va vous dire que le grand débat est depuis toujours et de nouveau entre monothéisme et paganisme (formulation, par exemple, de Lévy), et j'irai jusqu'à dire : entre mono et démono-théisme, je suis bien d'accord mais il ne faudrait pas oublier qu'il y a quelque chose qui, en effet, se présente comme n'étant ni païen ni strictement monothéiste, qui se situe, non pas entre les deux, mais dans une position de décrochage très bizarre, c'est ce qu'on pourrait appeler en quelque sorte un monotrinisme, et c'est bien ça qui, moi, m'intéresse parce que j'ai l'impression qu'il s'agit là de la position la plus profonde et la plus étendue qu'on peut prendre par rapport au discours; la question de l'art étant pour moi dérivée d'une question fondamentale qui est celle du langage verbal avant tout. L'art, ça n'est jamais que de l'hyperverbal ou du transverbal dérivé. Je vous illustre ça d'un exemple très simple. Vous prenez la Bible, ce qu'on appelle l'Ancien Testament. Comment ça fonctionne aux endroits particulièrement stratégiques, c'est-à-dire, bien entendu, les moments où Dieu parle? De la façon suivante – je prends un exemple dans le Livre des Nombres : « Et Dieu parla à Moïse, disant : " parle ". » Vous retrouvez ça constamment : Dieu parla, disant : parle. Dieu dit, disant : dis. Qu'est-ce

1. *Cf.* « Le tri ».

que ça montre? Une position de l'énonciation au passé car, en un sens, Dieu est ce qui est toujours déjà passé lorsque quelque chose se fait entendre. Une dimension de participe présent et ensuite une dimension impérative. Et Dieu parla à Moïse, disant : parle aux enfants d'Israël et dis-leur. Et Dieu parla, disant : dis à eux et dis-leur quelque chose. Après ça, il s'ensuit un certain nombre de recommandations et de prescriptions pour se faire en quelque sorte son trajet dans le temps et l'espace ainsi qu'une possibilité de s'y reconnaître dans la réalité. Le réel, avant d'en arriver à dire ce qu'il faut faire dans la réalité, passe par un certain nombre de détours. Ce sont des coudes de la position du sujet de l'énonciation. Il a besoin, ce sujet-là, pour dire ce qu'il faut faire dans la réalité aux enfants, de partir d'un passé qui se participe présente, qui s'impérative et qui se redouble dans l'impératif pour aboutir à quelque chose qu'on appelle l'Ecriture. Après quoi vous pouvez passer votre temps à ruminer, réciter et balbutier ça dans tous les sens.

J'étais dans l'avion revenant de New York, par la Transworld Air Lines, et de New York par Paris, de toute évidence ce vol devait aller jusqu'à Tel-Aviv. Au petit matin, un très beau ciel bleu, rouge et or et de petits nuages un peu partout, qu'est-ce que je vois, un juif extrêmement classique, jeune, muni de tout son petit barda religieux, aller au fond de l'appareil, et moi-même j'étais au fond de l'appareil pour fumer une cigarette et je l'ai vu prendre ses instruments... Vous savez comment ça se passe : on se ligature les bras et puis on se met un petit cube sur le sommet de la tête. On se ligature comme pour une prise de sang – le lien avec Dieu, comme vous dites – drôle de lien –, et on sort la Thora.

Il a récité un passage de la Thora tourné vers le soleil, jetant de temps en temps quand même un coup d'œil par le hublot, c'est-à-dire de temps en temps distrait mais se rendant très bien compte que je l'observais et me jetant de temps en temps un coup d'œil rapide, furtif, et puis revenant à sa récitation. Pendant ce temps-là, au fond de l'appareil, les gens allaient et venaient dans les chiottes parce que c'est le matin et que, à ce moment-là, on va se refaire un petit peu l'apparence physique, et il y avait notamment le ballet des femmes qui allaient se remaquiller, se refaire le teint dans les cabinets. La scène m'apparut très belle, c'est une scène de *Paradis* que je vous raconte. Je regardais simultanément ce paysage embrasé par la lumière et ce juif extrêmement gentil, si j'ose dire, qui récitait sa Thora avec une grande concentration, mais non sans s'apercevoir qu'il était vu en train de faire ce qu'il faisait.

Là, c'est tout le problème d'un certain regard porté sur la chose en train de se faire que nous aurions à analyser d'un point de vue analytique quand j'en viendrai tout à l'heure à ce qu'il faut bien appeler le fait de se ramener l'œil dans la bouche. Mais ça, je vous expliquerai comment ça se passe. Et puis il y avait le va-et-vient des femmes sortant des cabinets d'une façon extrêmement d'attaque. Elles y rentraient très déprimées et très laides, très chiffonnées et très marron comme elles sont en général, sauf exception, au réveil, comme vous le savez si vous cohabitez avec l'une d'elles, et elles ressortaient des cabinets à toute allure et d'une façon qui indiquait le « bon pied, bon œil » qui pouvait ranimer l'illusion que le vol était en effet à continuer – le vol, j'entends bien le vol de la lettre volante de l'espèce au-dessus de cette planète; le vol qui implique que l'ovulation continue et l'ovulation-évolution, c'est une chose très profonde, n'est-ce pas, et, bien entendu, de ce point de vue, les femmes qui sortaient remaquillées avec leur rerouge à lèvres étaient bien loin de se préoccuper de ce qui peut se passer entre, si je puis dire, un homme et Dieu. C'est le moindre de leur souci, comme vous savez. Disjonction décisive parce qu'il ne faudrait pas oublier que la question qui se pose aujourd'hui, c'est bel et bien de savoir ce qui se passe d'un versant et de l'autre. Il ne faudrait pas oublier que ces versants, le versant femme et le versant homme, ont des intérêts très différents.

Ce juif a rangé ses instruments dans des petits sacs très beaux, en velours brodé d'or avec une sorte de motif décoratif, c'est bleu, c'est violet, c'est très joli... Il range ses objets et puis ensuite il les met dans un sac de plastique pour poursuivre sa pérégrination, et d'ailleurs, j'ai été très touché qu'il m'ait dit aussi gentiment « Bonjour » – « Good Morning ».

C'est une scène qu'on peut voir n'importe quand sur les lignes internationales. Je dois dire que, aujourd'hui, le fait de prendre ou non assez souvent l'avion n'est pas négligeable. C'est dans l'avion qu'on peut voir se faire la fiction de notre temps, et si nous devons discuter de ce qu'il en est de l'art aujourd'hui, il ne faut pas oublier que c'est en prenant des avions qu'on voit toute la relativité du problème. En tout cas, quand j'écris, moi, j'avionne.

Voilà pour ma première réponse. Cette nervure de la Bible : et Dieu parla, parlant pour dire parle et parle à eux et parle-leur ce que je te parle, là, c'est ce qui fait Ecriture. Et c'est parce qu'un sujet, une fois, est venu se placer en ce lieu de la parole, ce sujet qu'on appelle le Christ, qu'il y a ce qu'on appelle le Nouveau Testament, qui n'est pas du tout un fait d'écriture mais un fait d'incarnation de la parole. Incarnation de la parole qui implique qu'un sujet surgit pour dire si vous êtes comme moi, ou un avec moi, eh bien ! vous serez au lieu même où ça parla-parlant-parle. « Ce que je dis comme il me l'a dit je le dis » (Jean, 12,51). Ça a produit un certain nombre de conséquences, que je dirai être le fait que le Christ est le premier et le seul athée sérieux, qui résout par l'abandon, par la douceur, par le contraire absolu de la violence, la violence qui se dit dans toute écriture. Violence par rapport à quoi ? A Dieu ? Mais non, à la position du sujet dans le discours. Qui résout donc, envers et contre tous, et pour tous, cette bizarre hallucination qui fait que nous croyons que le langage nous serait infligé comme un coup. Hallucination qui ne peut être que celle, en quelque sorte indéfinie, de l'enfant par rapport au père (et d'ailleurs, la conception de l'incarnation de la parole comme *coup*, ça porte un nom : la conversion. Vous lui dites « mon œil » et l'œil d'une hystérique locale se gonfle). Comme quoi être fils de Dieu s'oppose catégoriquement au fait de perpétuer l'idée qu'on serait fils d'une mère qui n'aurait pas trouvé de père à sa mesure. De tout ça je cause dans *Paradis*, ce qui implique une position du langage, qui a l'air d'être de l'écriture, qui a l'air d'être de la parole, mais qui ne se laisse pas fasciner par une fixation.

Vous voyez la concordance qu'il y a entre l'Ancien et le Nouveau testament de ce point de vue. Dieu parla à Moïse, disant : parle. Vous voyez le mouvement trinitaire. Il y a trois moments dans ce que dit Dieu : Je suis, je serai qui je suis. Je suis qui je suis. Je suis qui Je est. Je serai qui je serai. Ça désigne ce Je quelque chose qui serait inaccessible à prendre de l'intérieur. Je suis qui Je est. Je suis qui Je suis. Je suis qui Je seraï; ou Dieu parla, parlant, disant : parle, c'est rigoureusement la même chose, c'est-à-dire, allez vous y jeter vous-mêmes si vous voulez être enfin un sujet. Mais c'est présenté comme impossible. C'est bien pour ça que le Christ occupant cette position est dans la dimension de l'impossible, autrement dit du réel; et bien entendu pas de la réalité. Ce qui ne veut pas du tout dire qu'il n'ait pas existé. Sauf que le prendre dans la dimension de la réalité, c'est en quelque sorte se prêter aux fantasmes positifs ou négatifs de ce que j'appellerai la religion, pour laquelle j'ai, pour ne rien vous cacher, la plus parfaite indifférence.

Autrement dit, dans cette affaire, j'essaie de m'indiquer à moi-même, en vous en parlant, ce qui relève du très grand art, celui de la parole.

L. C. : Ce que vous dites là suppose que le type d'expérience ou d'écriture que vous vivez avec *Paradis*, ce style-là que vous mettez en place, a des répercussions dans votre parole. Qu'est-ce qui compte le plus pour vous, l'écriture de *Paradis* ou la façon qu'elle a de modeler, d'ajuster votre parole, de votre vivant, si je puis dire? C'est un renversement : on a toujours assisté à une position d'artiste qui en quelque sorte se dévouait à son art. Là, ça supposerait au contraire qu'on se serve de l'art, de ce que vous appelez le très grand art, pour, en tant que sujet, en tant que vivant, matière – si je puis dire – parlante et pensante, se transformer.

Ph. S. : Je suis en train de vous dire que le très grand art déclenche la névrose religieuse. Dieu n'est pas un artiste, a dit Sartre. Quelle erreur ! Quelle formulation incroyablement naïve ! Il suffit de regarder comment ça procède pour voir qu'au contraire cette histoire de Dieu relève précisément du très grand art. Tout cela n'est compréhensible que par le biais subjectif de l'art. Parce que c'est bien la question du sujet lui-même en personne, et je dis même en trois personnes.

Dans mon avion, là, où j'étais, étais-je vivant ? Pour un médecin, sûrement. Dans la scène que je vous ai racontée, je voudrais vous faire sentir que j'avais la possibilité de dire à ce moment-là que j'étais parmi les morts. Il se trouve que cette mort vit. Heureusement d'ailleurs, sans quoi l'avion tomberait dans l'eau et j'y suis quand même. Mais ce n'est pas avec ces banalités qu'on va comprendre ce qui se passe. L'ordre du vivant n'est pas quelque chose qui peut vous donner la preuve de quoi que ce soit. Ce serait se soumettre à la terreur de la nécessité de perpétuer le vivant, autrement dit le mort aussi, par la même occasion. On s'emmêle les pinceaux dans cette affaire très bien faite du sujet qui parle pour dire que ce sera lui de toute façon le sujet. Le sujet qui parle pour dire qu'il est le sujet, certes, dit qu'il est la vie. Mais enfin, il n'est pas que ça.

L. C. : Quand on parle pour dire qu'on est la vie, ça suppose que cette énonciation garantit le sujet qui est capable de la faire, qu'il est en vie, je veux dire qu'il est plus en vie que celui qui l'écoute – ce qui donne des envies.

Ph. S. : Alors, ça donne tellement des envies, comme vous dites, très justement, qu'en général ça conduit directement à la mort. L'épisode de la mise à mort du Christ est là pour signifier ça. « Je suis la Voie, la Vérité, la Vie », très bien. La Voie, c'est une chose, la Vérité, c'en est une autre, la même, puis la Vie, c'est la même chose, mais ce n'est pas la même chose que de dire « Je suis la Vie ». Ce serait la Grande Mère archaïque qui vous dirait plutôt ça, qu'elle est la Vie. Alors, évidemment, vous croyez que c'est la vie, mais c'est le tunnel aussi de la mort, comme chacun sait, ça a besoin d'être nourri, cette affaire de vie.

« Je suis la Voie, la Vérité, la Vie », encore une formulation trinitaire. Ce n'est que la vie, un pied sur trois. Voyons ce qui se passe à propos de cette histoire de corps...

L. C. : On peut l'aborder par la façon dont le style de *Paradis* travaille dans cette espèce d'épaisseur, de biologie, du signifiant ou de la signifiance... qui circule entre les sujets, ce qui les agite et les fait vivre.

Ph. S. : Vous savez qu'il y a une représentation du divin qui consiste à mettre un œil dans un triangle. Vous avez Ça sur le dollar. Une pyramide tronquée, inachevée, en cours, inachevable, et puis vous avez au-dessus le triangle avec un œil. Ça, c'est ce que j'appelais tout à l'heure se mettre l'œil dans la bouche, ou dans le sexe féminin, si vous voulez, pour maintenir cette idée, très importante pour l'espèce, qu'elle serait en quelque sorte regardée depuis son origine et surveillée comme ça tout au long des générations. Ça permet de se donner un fantasme très consistant, parce que toutes ces histoires de religion, de religiosité, ça part de certaines affectations de parties du corps qu'on suppose au grand Autre, ça permet de se munir de ce fantasme qu'on serait vu par Dieu. « L'œil était dans la tombe et regardait Caïn. » Vous pouvez réifier ça, ça donnera en quelque sorte l'emblème le plus adéquat de ce qu'il peut en être de la police de l'espèce. Une forme en quelque sorte policière, une conception policière du divin. Il n'y a pas un religieux qui ne mise sur ceci qu'il y aurait une fonction policière de Dieu. Vous voyez dans quels abîmes on tombe et avec qui il faut vivre. Vous savez comment on fait des religions, avec des interdits alimentaires, avec une incroyable salade qu'il ne faudrait pas se manger le père saigné à n'importe quel moment ni sous n'importe quelle forme et, si j'ose dire, comme ça, au hasard. Il faut donc codifier tout ça à l'oral se hantant d'anal et sous un regard. On pourrait interpréter comme ça l'Evangile : ce Christ, il va loin en ceci qu'il a un moment de défaillance, qu'il n'est pas sûr de pouvoir passer à travers cette matrice. Il faut se rappeler qu'il a envie que les autres qui l'accompagnent veillent pendant qu'il veille, mais ils s'endorment, ils n'arrivent pas à veiller. Et puis il est question du calice. Il demande au Père s'il peut lui être épargné. Il va falloir se boire ça. Et puis en plus, sur la croix : « Mon Dieu, mon Dieu, pourquoi m'as-tu abandonné? » ça veut dire : pourquoi ne me vois-tu plus? Vous prenez la Genèse, quand Adam et Eve ont fait leur petite affaire, Dieu est aveugle, bizarrement; il feint peut-être, ce qui, à mon avis, relève du très grand art. Il les cherche, il ne les voit pas. Il est aveugle parce qu'il veut bien l'être, ou il veut bien signifier « pas vu, pas pris », mais c'est précisément au moment où c'est pas vu que c'est pris. Alors, ce Christ, il va loin, disais-je, parce que, avant de remettre son esprit, son souffle, entre les mains de son Père, il faut bien qu'il en passe par la destitution de toutes ses fonctions corporelles, destitution dramatique, à laquelle il n'y a pas moyen de se soustraire, c'est un lieu d'assignation, disons que c'est pour ça que ça troue la réalité pour faire apparaître le réel dont je disais qu'il était fait d'une structure de discours. Ça troue la réalité du fait que ça n'est pas de l'ordre du visible mais bel et bien de cette espèce de nœud interne de la parole qu'il s'agit d'affirmer jusqu'au bout, raison pour laquelle le christianisme, c'est-à-dire la réalité de la religion faite pour les enfants, n'aura de cesse de représenter visiblement la crucifixion. De temps en temps, il y a un peintre qui sent qu'il y aurait derrière ça autre chose que la pénible obligation de représenter une fois de plus la crucifixion. Il y en a une du Tintoret, à Venise, où il est assez clair, à mes yeux du moins, que dans les blancs derrière la croix, tout le travail du Tintoret consiste à dire : je vous fais ça, mais c'est d'autre chose qu'il s'agit, impalpable, invisible, de l'ordre d'un sens absent. Pousser le sujet dans la parole jusqu'à ce point, c'est quand même plus intéressant que de se mettre l'œil dans la bouche. Le rapport œil-parole, c'est bien de cela qu'on parle.

Eh! disons, puisque c'est l'art qui vous intéresse, quand un artiste fait le poids, dans la soi-disant histoire d'art, c'est là qu'il agit. Il montre que ce qui est proposé à l'œil, ce n'est pas de ça qu'il s'agit mais d'une parole qui, ne pouvant pas être dite, ne peut pas être autre chose à un moment qu'une défaite dans le visible. Je suis de l'avis de Duchamp quand il dit : autant arrêter les frais, on devrait appeler les tableaux des retards. Moi, je crois que quand un artiste fait le poids, il est très conscient de ça. Il ne fait pas des tableaux pour que ça se voie. Il les fait pour traiter ce qui de la parole ne peut pas être dit au moment où il est, comme vous disiez tout à l'heure, vivant. Ça donne parfois des aventures conséquentes. Ça donne aussi beaucoup d'inutilités et de bavardages, de bavardages muets.

Ce qui est nodal dans cette histoire du sujet dans la parole en train de toucher de façon parlante le sujet de l'écriture, c'est ce curieux procès qui se dit, en trois phases, en passé-participe présent-impératif, ce qui est son présent, qui est un présent de toute éternité, un présent qui n'est pas du temps, un présent futur, un présent passé, j'ai été je suis je serai, ça parle et ça dit ça. Si un sujet va parler jusqu'au bout... ce que j'ai voulu dire par un sujet qui s'y abandonne... mais c'est bien ça le problème... pour s'abandonner à ça en tant que corps, c'est, semble-t-il, en dehors de nos possibilités. C'est de l'ordre de l'impossible. Ça implique bien évidemment la notion de résurrection. Forcément. On ne voit pas très bien comment un sujet pourrait aller jusque-là sans être du même coup immortel ou, si vous préférez, résurrecté au sens où il ne s'agit pas de l'évacuation des corps dans le temps[1]. La cohérence de l'abandon christi-

1. Tout cela est, bien entendu, parfaitement démêlé par Augustin (*La Cité de Dieu*, notamment Livre IX).

que, je dis bien l'abandon qui ne peut passer pour être un coup qu'aux yeux des enfants, est logique.

MARC DEVADE : A propos de tout ce que vous venez de dire, je suis en train de réfléchir sur deux peintres, Newman et Rothko. Deux peintres juifs, et Thomas Hess a bien montré en quoi la Kabbale avait pu influencer Newman, par exemple. Et ces deux peintres, curieusement, ont chacun fait quelque chose qui se rapportait au Christ. L'un a fait un Chemin de Croix et l'autre a fait une Passion. Et, à la différence de toute la peinture de la Renaissance, le Chemin de Croix et cette Passion ne représentent jamais le Christ. On est dans la pure présence, disons, d'un signifiant toujours différé qu'on ne nomme jamais exactement. Donc, tout de même, ils se sont approchés là d'une question qui nous touche de près, mais sur un mode tout à fait différent. Et Newman, lui, a terminé sa vie en faisant des triangles. Outre les questions formelles que ça pose, ça reste tout de même comme une énigme à déchiffrer. Quant à Rothko, lui, il a terminé sa vie, après avoir fait une Passion, en se transformant lui-même, disons, en Christ. Je voudrais que vous me parliez de cette question. Tout ce que vous avez dit jusqu'à maintenant touche à ça, mais sur des exemples concrets, je voudrais que vous puissiez nous parler de ça. Le Christ est en jeu là-dedans, mais d'une façon tout à fait différente de ce qu'il était pour la peinture de la Renaissance.

L. C. : Ce que Devade dit là, c'est le problème de la vocation. C'est ça chez Joyce en tout cas, c'est la recherche de la vérité de son activité artistique. Le

Christ incarne la vocation dans la vie, dans la vérité de la vocation, c'est ce qu'il nous lègue en tout cas comme religiosité, les mystiques, c'est ça aussi, et chez les très grands écrivains, c'est ça aussi. L'idée de la vocation nous agitant comme artistes, si je puis dire...

Ph. S. : C'est bien pour cette raison que, dans les questions que vous me posez, me paraîtrait tout à fait stérile une opposition tranchée entre judaïsme et christianisme, parce qu'elle serait en quelque sorte la répétition d'un très ancien geste qui ne tient plus debout sous la pression de ce qui est en train de nous arriver planétairement. Ce serait répéter un geste très renaissant ou très classique, ce qui revient au même, que d'opposer judaïsme et christianisme. Sans parler du fait qu'à se fixer sur ce simple registre, on choisirait de ne pas faire attention à ce qui est en train d'arriver, à savoir le troisième partenaire qu'est l'islam, extrêmement important pour les temps que nous vivons, sans parler d'autres partenaires qui nous tombent dessus depuis un siècle et demi, à savoir l'Inde ou la Chine. Vouloir se limiter à une simple confrontation entre judaïsme et christianisme me paraîtrait une attitude finalement assez, je disais, classique, mais du même coup, si nous sommes à l'époque moderne, on peut ajouter ignorante. Ça ne veut pas dire qu'il n'y ait pas là un enjeu fondamental pour notre culture, enjeu que je crois être en cours de dénouement.

Je prends les choses par la négative. Si j'étais païen, si j'étais violemment opposé à tout questionnement du monothéisme, de la Bible, si j'étais donc par définition antisémite, antijudaïque, antichrétien –

parce que ça revient au même –, autrement dit si j'étais nazi aujourd'hui, à supposer qu'il y ait du nazi dans l'air – ce que je crois –, je ne vois pas pourquoi le nazisme serait une pure et simple concrétion délirante d'un petit moment de l'histoire, pourquoi il ne serait pas en effet le symptôme de quelque chose qui suit son cours depuis toujours – si j'étais nazi, eh bien ! je pense que je m'attacherais à empêcher par tous les moyens une conciliation entre juifs et chrétiens. Si j'étais nazi, en ne me présentant pas comme tel, bien sûr, mais comme l'homme d'une sorte de raison avertie, je m'attacherais à contrecarrer, disais-je, par tous les moyens l'apparition du fait que l'Ancien Testament, le Nouveau Testament, c'est la même chose. Alors, après avoir joué sur l'antijudaïsme chrétien qui est une des hontes de l'histoire et de la compréhension de la structure du discours, après avoir joué de ça pour éliminer le plus de juifs possible, je m'arrangerais aujourd'hui, puisque ça a marché, mais jusqu'à un certain point seulement, je m'attacherais à faire le contraire. C'est-à-dire j'essaierais de persuader le plus de juifs possible qu'il faut qu'ils restent sur une position de critique, de méconnaissance du christianisme. J'essaierais aussi d'empêcher que les chrétiens s'intéressent à l'Ancien Testament. J'essaierais d'empêcher que les juifs s'intéressent au Nouveau Testament. Bref, j'essaierais de diviser pour régner.

M. D. : Je peux citer là une séquence de *Paradis* (*Tel Quel*, 78) : « traquer truquer effacer tout ce qui rappelle la bible deux ennemis à éliminer les chrétiens dans un premier temps jouer les juifs contre les chrétiens ce qui devrait être facile parier sur revanche siècles de persécutions préjugés ignorance instincts puis dans un second temps une fois les chrétiens liquidés aplatir les juifs à jamais mais oui c'est ça le programme ça n'a jamais cessé d'être ça ».

Ph. S. : Je vous illustre ça tout de suite d'un truc très historique : je lisais des articles parus en 1938. C'était après la « nuit de cristal »... Je tombe sur un discours d'une extrême virulence d'un antisémite allemand très notoire qui s'appelle Streicher, à Nuremberg, pour annoncer au monde la nouvelle que, étant donné que les catholiques protégeaient quand même les juifs, ils allaient publier un arbre généalogique pour montrer que le pape avait du sang juif dans les veines, etc. C'est montrer à quel point ce que j'appelle le nazisme, et qui me paraît encore une fois une chose de tous les temps, se préoccupait d'éliminer un adversaire après l'autre en jouant, évidemment, de cette contradiction, qu'il ne faut surtout pas méconnaître, entre juifs et chrétiens. Cette période de l'histoire est très révélatrice.

Pour revenir à votre question, je trouve très intéressant que Newman ait fait tout ce qu'il a fait, je ne veux pas y revenir... Un petit détail cependant : dans le Chemin de Croix de Newman, c'est son marchand, comme vous le savez, qui a appelé Résurrection le dernier. Il y a eu comme qui dirait une hésitation, Newman ne l'a pas nommé Résurrection, il l'a appelé *Be* : Etre. Sois[1]. Si *Be* (être) (sois) ça peut éviter une fantasmatique débile autour de l'affaire de la résurrection, je ne vois aucun inconvénient à ce qu'on

1. Au fait, la « névrose » d'Hamlet ne serait donc qu'une inhibition infinitive de l'impératif. Disserter sur *to be*...

appelle ça comme ça. Je ne vois pas non plus pourquoi on serait obligé, pour parler de cet événement interne au discours, de peindre des corps. Ça peut être un moment comme ça. On peut faire n'importe quoi avec la représentation. Le Christ n'a jamais demandé, n'est-ce pas, qu'on représente sa passion, sa crucifixion, etc. C'est donné dans des contextes culturels qui historiquement peuvent être très différents les uns des autres. Ce qu'on peut dire, c'est qu'il y a une dramaturgie chez Newman et Rothko que vous avez cités, une dramaturgie en quelque sorte angoissée. Moi, je ne sens pas dans ces aventures quelque chose qui ait la même valeur de discours que par exemple quelque chose qui se passe avec Matisse. Mais chacun ses goûts.

M. D. : Chez Matisse, il y a de la représentation de corps. Je crois que c'est très important la différence entre Newman et Rothko, par exemple, d'un côté et Matisse de l'autre.

Ph. S. : Il faut regarder comment ces gens se débrouillent avec l'histoire de la femme, avec l'affaire-femme, la ferfemme. La ferfemme, c'est le cas de le dire, ça y croit dur comme fer et c'est pas obligatoire qu'un sujet s'en arrange. Pour comprendre ce côté-là, il faut aller, non pas vers la question du Christ, mais vers la question de la ferfemme. Il y a beaucoup à parier que, par exemple, Matisse passe mieux le détroit. Si vous préférez, il s'arrange mieux, de façon plus heureuse – ça compte, le fait que tout ça rende finalement plus ou moins heureux... Je ne vois pas l'intérêt de s'occuper d'art si c'est pour déboucher nécessairement sur le funèbre. Il y a fort à parier que quelqu'un comme Matisse, ou quelqu'un d'autre (Mozart, si vous voulez), croyait moins que d'autres à cette affaire-femme. Autrement dit, si vous préférez, qu'il pouvait fréquenter de façon plus détendue des prostituées. Oh! qu'est-ce que j'ai dit, des modèles, des odalisques, enfin des femmes... Les femmes s'intéressent, comme vous le savez, beaucoup aux alentours de l'art. Et pour cause. Elles y sont intéressées d'une façon massive parce qu'elles sentent bien qu'elles y seraient en quelque sorte doublées. C'est pourquoi un artiste a beaucoup à faire avec ce que j'appellerai la proposition permanente de sa doublure féminine, qui ne manque pas de lui arriver dans son existence. Il y a un cas fameux sur lequel on n'insistera jamais assez dans l'art moderne, c'est ce qui est arrivé à ce pauvre Pollock sous la figure de l'épouvantable Lee Krassner dont vous pouvez voir les déjections au musée d'art moderne de New York. C'est vraiment une des choses les plus laides qu'on puisse y voir.

Bon. Je ne veux pas relancer cette affaire de veuve, de surveillante, de nourrice, de préceptrice, de major-dame, mais enfin il faut bien voir qu'un artiste, c'est quelqu'un qui a affaire – c'est pour ça que j'évoquais tout à l'heure cet œil dans le con, le *panopticon* – qui a affaire à la police de l'espèce sous forme, en général, de femme. Je ne veux pas dire par là qu'elles ne sont pas bien, elles sont simplement appelées là pour que le père, tel qu'il doit être, c'est-à-dire religieux, n'ait pas, si j'ose dire, de contact trop invisible, autrement dit trop intime, avec un fils. Parce que, à ce moment-là, ils pourraient, non pas seulement se dire des choses, mais se transmettre quelque chose d'incomptable. Alors il y aura toujours des rabbins, des curés, des imâms, des bonzes et tout ce que vous voudrez pour gérer la prodigieuse angoisse qui tenaille l'espèce du côté de la ferfemme. Oh ! j'allais oublier les secrétaires de cellule, de fédération, les secrétaires du parti, et j'allais oublier la figure laïcisée de tout ça qu'est le professeur, autrement dit le sujet supposé renseigner, et j'allais oublier le psychanalyste aussi, forme moderne de la chose. Je ne parle pas de la psychanalyse en tant que découverte. Je parle de ce qui s'y installe pour gérer ce qui pourrait être dérangé par l'exception. Ce n'est pas tous les jours qu'apparaît la position analytique de la découverte. On peut plus exactement voir dans la rentabilisation de l'hystérie ramenée socialement à sa fonction de surveillance du vibratoire quelque chose qu'Artaud désigne d'une façon stricte comme « l'indécrottable cheptel des profiteurs d'abîmes ». Les expérimentateurs de l'abîme, de ce qui fait abîme dans la question du langage, si vous préférez les gens qui vont y parler en sujet dans ce qu'il en est du discours, c'est bien à ce moment-là qu'ils deviennent des noms qui font problème, des noms tout seuls, des fils de nom, des noms-pères... Ceux-là, ils sont seuls. Ils n'ont plus à compter sur institution, religion, université, communauté ceci, communauté cela. Cela est banal mais il faut le répéter de temps en temps parce que, si je peux dire, il y aurait périodiquement du relâchement dans ce domaine. Il y en a qui pensent qu'on peut s'expérimenter la question de l'abîme du discours en étant quand même bien vu. Non, on ne peut pas être bien vu dans cette aventure. Ce qui implique que les gens dont vous parlez, Newman, ça marche sur le tard, et puis il meurt vite et puis Rothko, ça finit de façon tragique. Il y a du tragique, ce qui ne veut pas dire forcément du malheur.

Quand je parlais des différents curés, bonzes, professeurs, psychanalystes, la position du psychanalyste étant éventuellement éminente si elle est vue du côté de l'éthique et pas des tics, si j'ai parlé de ça, c'est parce que, encore une fois, comme de temps en temps je cite le catholicisme comme un moindre lieu de religion, je dirai qu'à ce moment-là, c'est le pape qui me convient le mieux (il faut bien que je fasse ma déclaration catholique) comme figure de la gestion en question, c'est-à-dire ce qui me paraît le moins grave dans l'ordre de ces choses, autrement dit comme le moins policier au niveau de la surveillance de l'exception possible. L'exception, ça ne va pas de soi. Alors catholique je suis, comme Matisse. Ou, si vous préférez, comme un Polonais aujourd'hui.

M. D. : Justement, à ce propos, est-ce qu'on n'a pas mis tellement en avant, à travers le marché de l'art, la muséographie par exemple, Newman, Rothko et compagnie, pour recouvrir un peu Matisse ?

Ph. S. : Non, je crois que c'est très important qu'il y ait eu ce grand art américain et je crois que ça permet de mieux voir toute l'histoire de la peinture.

M. D. : Il n'y a pas une reprise de tout ça justement par les gérants...

Ph. S. : Il y a une tentative. Mais ce sont des aventures exceptionnelles quand même.

M. D. : Je parle de leur gérance par la muséographie ou le commerce.

Ph. S. : Oui, forcément. Pour Matisse aussi...

...

La durée, c'est-à-dire la consistance du discours une fois pour toutes, ce qui veut dire aussi du coefficient de jouissance sexuelle que ça comporte comme trace, il me semble que Matisse va plus loin. Quand je veux parler du moindre effet de religieux ou du moindre effet de surveillance, il va de soi que j'entends parler d'une sorte de relatif détachement par rapport à la croyance sexuelle fondamentale de l'espèce telle que la ferfemme est absolument intéressée à la faire fonctionner au nom d'un père qui ne soit pas à la place du sujet qui parle mais, comme ça, une sorte de porteur de la fonction de la parole en tant qu'elle ferait un peu loi. C'est tout.

L. C. : Tout à l'heure, je vous ai parlé de l'idée de la vocation, qui me semble assez importante. On la voit chez Nietzsche, Joyce, Artaud, à mon avis, se manifester à travers les représentations conflictuelles qu'ils entretiennent avec le texte chrétien, biblique, bref le texte religieux, c'est-à-dire avec l'énoncé d'un certain signifiant. Comment ça marche dans *Paradis*? Et puis cette idée de la vocation par rapport à ce que vous disiez tout à l'heure dans l'avion : morts regardant le vivant; comment cette idée-là peut-elle agiter les artistes aujourd'hui et qu'est-ce que vous en pensez?

Ph. S. : Vocation. Il y a des tonnes de rouille sur ce mot. Vocare. Pourquoi ne pas entendre ça alors dans l'ordre de la voix. C'est encore une fois de la voix que j'ai envie de parler, pour autant qu'elle crie dans le désert et que pour savoir de quoi une voix arriverait à se faire malgré le désêtre, c'est évidemment difficile. Le désêtre, ça laisse sans voix. C'est dans le désêtre que la voix parle. Dieu parle dans le désêtre. C'est dans le désêtre que ce qu'on prend en tant qu'être pour une loi est donné. Les êtres dans le désêtre entendent une voix venant du désêtre et la transcrivent sous forme de loi. Ce qui est prudent. Parce que si on est un être, il vaut mieux s'en tenir à la loi. Les êtres qui ne s'en tiennent pas à la loi s'imaginent des tas de choses. Premièrement, ils deviennent non seulement des canailles mais des meurtriers, des crapules, avec une considérable infériorité sur les animaux. Il n'y a pour ainsi dire pas de limite à leur mauvais goût. C'est pour ça que la loi a tout son poids et que, s'agissant des êtres, la ferfemme est tout à fait fondée à exiger de la loi. C'est pour ça que le premier petit pervers venu ne passera pas le cap de la légitimité du désir irréductible de l'hystérique et s'y cassera le nez. Encore une fois, c'est du très grand art. Maintenant, il ne faudrait pas oublier que, précisément, c'est de l'art. Autrement dit, il ne faudrait pas se mettre à croire que c'est de l'être que nous vient la voix. La vocation, comme vous dites, c'est ce qui arrive à quelqu'un qui, en plus de la loi de l'être – je dis bien en plus, pas à côté –, éprouve comme un appel de l'illimité. Il y en a à qui ça arrive. Comme dit l'autre, il y a beaucoup d'appelés et peu d'élus, et le chameau ne passe pas très bien, avec cette bosse, par le chas d'une aiguille. Le problème intéressant n'est pas tellement d'avoir, comme vous dites, une vocation – parce que ça, le critère en est fou – c'est le moment où en quelque sorte elle se redoublerait d'une certitude qui ne soit pas l'effet du délire. Vous voyez qu'à ce moment-là la sel-ection – l'élection au sel de la terre – se fait de plus en plus raréfiante car, sur cette voie-là, il y a le délire, le délire étant comme chacun sait l'expression, c'est le cas de le dire, de la vérité. Alors vous voyez que ça se complique du fait que le sujet en question, il faut qu'il soit, si je peux dire, adélirant mais pas mathématiquement inférieur à tout délire. Il faut qu'il ne s'arrête pas non plus à la fonction légitimante que le désir hystérique a parfaitement raison – raison au sens : est en droit – de réclamer. Alors ça nous laisse devant un champ en effet très énigmatique : du ni loi ni délire, autrement dit : s'y reconnaître par la voix du désêtre dans la position du phallus. Ce qui n'est pas une mince affaire. C'est repérable dans ce qu'il en est de la position du sujet dans la ferfemme.

Joyce, c'est un bon exemple, d'une grande profondeur. Vous avez un passage d'*Ulysse* que j'aimerais vous faire entendre, si vous ne le connaissez pas, enregistré par Joyce lui-même, passage très bien choisi, qu'il a enregistré, avec quelle voix, la voix du désêtre où il est question d'un dialogue entre les Egyptiens et Moïse, et c'est ce passage qui se termine, comme j'ai été le premier à le signaler avant que ce ne soit répété par d'autres, par le fait que la loi a été écrite dans la langue des hors-la-loi. Il faut entendre ça lu par Joyce lui-même, c'est tout à fait convaincant. C'est de lui qu'il parle bien sûr, pas de Moïse. Là, à ce point, il se permet d'être, comme qui dirait un jeune Moïse. Parce que vous savez que d'habitude, Moïse, ce n'est pas facile à s'imaginer sous la forme du jeune homme, de l'homme jeune, je veux dire en train de passer dans autre chose que la barbification. Encore une fois, le moment de la découverte. Ce qui est si émouvant dans ce passage de Freud à la fin de sa vie, quand il s'aperçoit que pendant bien longtemps il a cru que Moïse, c'était ce qu'on voyait dans la statue de Michel-Ange et qu'après tout, dit-il dans cette fameuse carte postale envoyée à son éditeur londonien, publiée par mes soins mais passée inaperçue du même coup puisque c'était moi qui la publiais... il lui dit que c'est finalement absurde de prendre la tête de Michel-Ange pour représenter Moïse sur la couverture de *Moïse et le Monothéisme* parce que le Moïse de la XVIIIe dynastie devait être imberbe. Il lui envoie une carte postale pour lui dire ça, ce qui est prodigieux, parce que Moïse, pour nous, c'est toujours Michel-Ange. Alors, à la fin de sa vie, Freud se dit : mais enfin, où avais-je la tête pour la perdre au profit de Michel-Ange? Ce qui prouve bien que Michel-Ange, ce n'est pas rien non plus. Passer à travers Michel-Ange peut-être qu'il n'y a que Freud qui y est arrivé, ce pourquoi il reste très en avance sur nous... Passer à travers Michel-Ange, ça veut dire ne pas avoir devant soi l'horizon bouché par la représentation, si l'on est un homme, de l'autre homme. Avoir l'horizon bouché, si l'on est un homme, par la représentation de l'autre homme ou de l'Autre comme homme, c'est précisément ce que la ferfemme a pour fonction de faire marcher, pour que ça circule. Il est probable qu'un homme qui n'a pas l'horizon bouché par la représentation de l'Autre comme homme (ni comme La Femme) stupéfie du même coup ce qui persiste en lui comme image de sa mère qu'il passe son temps à reconduire comme ferfemme dans sa vie.

A ce moment-là, je dirai que, enfin, on débouche sur le fait que le style, c'est l'homme. C'est ce que j'appelais tout à l'heure le fait qu'il reste quand même au-delà de tout ça une position possible par rapport au phallus. Chose qui devient de plus en plus compliquée de nos jours, ce qui se voit dans le fait que l'art dit moderne devienne si inessentiel, si parodique, ou alors carrément dramatique. On en est à se redemander une fois de plus ce qui a bien pu se passer comme écart par rapport à l'Egypte. Alors voilà, tout le décor est replanté, la planète se reconcentre sur son tissu et la question de la Bible est reposée. Cela dit, ça ne doit pas nous étonner tellement, ça a toujours été comme ça, la voix dans le désêtre[1]. Evidemment, chaque fois sous une forme différente, le temps que ça fasse un peu tradition, et puis que ça s'effondre, le temps que ça fasse un style, et puis que ça s'effondre et puis ça se repose. C'est très insistant. Insistant, forcément puisque ce n'est pas dans le temps.

M. D. : C'est un peu compliqué ce que vous avez dit tout à l'heure sur la position du phallus...

Ph. S. : Du phallus, comme vous l'avez peut-être remarqué, on n'en parle plus, sauf ce cher Lacan qui s'obstine en silence à le mettre au mur, à se mettre au pied du mur avec. Vous voyez bien ce qui est en train de se passer : ça bavarde, de tout, d'art, de psycha-

1. Pour ce qui est « d'accomplir » l'Ecriture, il y a au moins deux voies, et elles sont illustrées, dans le désert, par la bataille de citations entre le Christ et l'Adversaire. Où l'on voit que, loin de venir le boucher, le Christ vient y faire trou, dans l'écrit.

nalyse, de religion, ça bavarde, ça bavarde... Il aura suffi d'une petite campagne éclair féministe avec martelage du mot phallocrate, sociologiquement, pour le compte de qui, pour le compte, comme toujours, de ce qui doit faire une grande surface, de ce qui doit s'étendre, n'est-ce pas?...

Qu'est-ce qu'on a vécu ces dernières années, dans nos civilisations?

L'expropriation rationnelle de l'individu-homme, c'est-à-dire du petit propriétaire, de l'artisan de son propre sexe. C'est une expropriation, carrément, qui va dans le sens d'une modernisation que j'ai appelée la grande surface, des choses. Qu'on appelle ça libération, émancipation des femmes, il faut bien qu'on fasse ça avec du leurre, avec du voix-voile, il est bien évident que ce qui compte dans la récente période, c'est cette espèce de mutation technique dans la façon de se repérer par rapport au phallus. Les femmes sont appelées là, comme le prolétariat autrefois, à s'émanciper, à briser leurs chaînes... On sait comment ça finit, toujours de la même façon, c'est-à-dire à la chaîne, à la chaîne industrielle que j'appellerai aujourd'hui gynécologique, à la chaîne clinique, à la chaîne de ce qui s'étend comme gestion rationnelle. Autrement dit, l'espèce en est au point où elle doit commencer à se poser rationnellement la question des flux de population, du calcul sur ces flux, de la rationalité économique qui s'en déduit ou non, par conséquent de l'intégration des femmes dans ces mouvements, de la programmation éventuelle de tout ça. Evidemment, si je suis en bas de l'immeuble où ça se cogite, je suis appelé en tant qu'homme, en tant que femme, à vivre tout ça comme une sorte de révolution, d'émancipation, tout ça, c'est dans l'ordre de l'idéologie, mais au fur et à mesure que je monte dans les étages, j'arrive simplement sur la machine à calculer, le computer, dont personne ne parle, bien sûr.

Qu'est-ce que ce serait que le grand film comique de nos jours, équivalent des *Temps modernes* de Chaplin ? Et pourquoi est-ce qu'on ne le fait pas, par conséquent ? Ce serait, pour autant que ce soit possible à faire, un film où le personnage principal serait une femme, qu'on verrait mise à la chaîne. Pour son bien, pour sa liberté, pour son émancipation. On pourrait la suivre dans différents contextes, dans les cliniques, dans tout ça, quoi. Alors ce serait d'un comique éminemment effroyable. Très comique. Elles ne savent pas forcément que c'est en train de leur arriver, mais enfin, c'est comme ça.

Bon. Qu'est-ce que je disais ? Oui. Phallus...

M. D. : Quelle serait cette position ?

Ph. S. : Vous voyez bien que ça consisterait à repérer aujourd'hui, aujourd'hui même, tout ce qui fait en quelque sorte obstacle à la jouissance, autrement dit à la jouissance phallique. Il n'y en a qu'une de jouissance, elle est phallique. Ce qui ne veut pas dire que ce qui l'incarne en-crate soit de l'ordre du phallus. Phallocrate, ça désigne l'être affecté du phallus sur son versant masculin, c'est-à-dire précisément qu'il n'arrive pas à en jouir. Alors il manifeste comme qui dirait de l'autorité. La position du phallus n'a aucune autorité particulière. Sauf la suivante, qui est que c'est de là que vient le sens. Vous serez d'accord avec moi pour constater que ça ne va pas fort dans ce registre. C'est si vrai, pour en revenir à mon petit

Paradis... C'est bourré de sens, il n'y a personne pour s'en rendre compte, et quand je le récite à haute voix avec mille insinuations... J'ai fait ça encore récemment... Mais il n'y a pas de meilleurs sourds que ceux qui ont décidé qu'ils avaient la mesure du phallique. À partir du moment où vous croyez avoir l'étalon, vous devenez sourd, analement, à ce qu'il en est du phallus. Ce qui n'est pas du tout, encore une fois, une question visuelle mais auditive. C'est pour ça que quand il est question d'engendrer d'une façon correcte, divine, c'est pas par l'oreille, comme on a la bêtise de le répéter, mais bel et bien par la parole ou le souffle que ça passe. *Paradis*, c'est très clair, très simple à lire, c'est d'ailleurs très lu, mais évidemment somnambuliquement. C'est sursaturé de sens. D'ailleurs, si vous trouvez que ce que je dis a le moindre intérêt, ça n'est dû qu'au fait que j'ai écrit ça. Je ne dis ce que je dis que parce que j'écris ça. Ce qui se passe, c'est que je le commente. Or ça, c'est délicat. Parce que le lien social n'est pas là du tout pour accepter que quelqu'un en première personne commente ce qu'il vient d'écrire. Soit l'un, soit l'autre : on écrit, on est commenté; on commente, on n'écrit pas. Où je fais symptôme, où je viens embêter le monde, c'est précisément de me tenir sur ces deux jambes. La loi, c'est : écris et tais-toi, commente et n'écris pas.

M. D. : Le commentaire passe de plus en plus pour être de l'écrit.

Ph. S. : Moi, il se trouve que je peux me faire, si j'ose dire, mon commentaire moi-même. Je sais me taire et me lire. En quoi je suis le parfait célibataire.

Je veux dire par là, non seulement quelqu'un qui pourrait être marié sans que ça le gêne, chose déjà très mystérieuse, mais qu'en plus il est compliqué – en quoi ça m'attire des ennuis – de m'apparenter. Vous savez fort bien que tout marche par apparentements. Après quoi on se raconte qu'il y a une histoire. Disons que c'est de cet acte à la verticale du roman familial que je dois d'être considéré comme extrêmement peu religieux.

L. C. : Une façon d'être?

Ph. S. : Je pense finalement que je ne vise rien d'autre que le fait d'être moins religieux que la plupart.

L. C. : Matérialiste?

Ph. S. : Je prends une distance avec « matérialiste »...

L. C. : ... cosmique?

Ph. S. : Non plus. Comme vous savez, le matérialisme, en son fond, sert à certains à imaginer qu'il n'y a pas de trou dans l'univers. Par exemple Lucrèce. Prenons le Prologue du *De Natura Rerum*, tout ça est offert à Vénus. Vous savez que ça ne va pas loin quand même parce que, en effet, toute la théorie matérialiste qui m'intéresse fort est pour ainsi dire construite sur le fait qu'il ne faudrait pas qu'il y ait un trou dans Vénus, parce qu'à ce moment-là tout fout le camp. Les atomes, le vide lui-même, on ne les retrouverait plus quelque part. Il y aurait comme qui dirait un endroit où il n'y a plus rien. Même pas un « trou noir », qui n'est pas un trou, mais sa forme révulsive. Je ne suis pas pour laisser subsister un fantasme de cosmicité, de faux trou. Ma position est gnostique, si vous voulez. Elle n'est pas cosmologique. Elle est gnostique en ceci que je distingue entre réalité et réel, entre le fait qu'il y a des phénomènes, du monde, tout ce que vous voudrez, mais que c'est affecté à mes yeux d'un signe négatif. Vous savez ce que c'est qu'être gnostique, c'est imaginer, simplement, que tout ce qui existe, c'est le produit d'un mauvais dieu qui s'est mal débrouillé. D'un mauvais dieu qui ne serait rien d'autre que le désir de la Sophia. Il y a un mauvais dieu qui a créé le monde et ce n'est rien d'autre que... la mère qui a voulu faire aussi bien que le père. Le père est le seul à pouvoir créer quelque chose en dehors de lui-même. La mère, elle, veut créer quelque chose à l'imitation du père, seulement l'embêtant, c'est que ça ne sort pas d'elle. Alors le monde, il est comme qui dirait *pas dehors*, nous compris. Pour en arriver au Dieu qui est là-haut, au Père des Lumières (pas le mauvais, pas celui dans lequel on est, enfin, comprenez ça), pour rejoindre celui d'en haut, vraiment d'en haut, pour aller vraiment en haut, dehors, c'est toute une histoire parce qu'il faut traverser alors des cercles, des mondes, des planètes, etc. Le plérôme, ce n'est même pas forcément ce qu'il y a de plus élevé. Ça laisse la question ouverte. La question du dehors est ouverte. Ce qui me touche dans l'art justement, puisqu'on parle de ça, c'est que c'est un effort pour toucher enfin le dehors. Pas le dehors des « choses », celui du discours. Celui que Dante atteint, par exemple, moment que même Lacan ne semble pas en mesure de saisir (encore la littérature...).

L. C. : Dieu serait le dedans...

Ph. S. : Le mauvais dieu.

M. D. : Le gnostique est « parfait ».

Ph. S. : Vous savez que ces gens-là sont bizarres. Il y en a eu des tas, fourmillants. Ils ont essayé, évidemment, de réduire les rites à leur minimum. Le « consolamentum » des cathares, par exemple, c'est une imposition des mâins, c'est tout. Evidemment, on les a brûlés. Enfin, je me fais fort de démontrer quand vous voulez que tout ce que vous appelez vocation, art, littérature, etc., ce sont tous des gnostiques. Ils ne parlent que de ça. Artaud, Kafka, Joyce, qui vous voulez, ils sont tous gnostiques. C'est bien la raison pour laquelle, si vous vous occupez de cette affaire en première personne, vous allez avoir sur le dos des sollicitations religieuses de tous ordres, voulant vous refaire adhérer à on ne sait trop quel ensemble qui se passerait fort bien de l'exception que vous êtes. Vous serez en quelque sorte assailli par la demande de ré-adhérer au religieux.

L. C. : Vous avez employé le mot de « doublé ». La ferfemme serait doublée...

Ph. S. : ... C'est ce que je me suis encore une fois efforcé de dire.

L. C. : Vous dites avec *Paradis*, je veux dire en

prenant le tissu de la littérature comme ça, comme une information...

Ph. S. : La littérature, oui, pas seulement. La langue n'est pas un dialecte. Il y a des gens qui ont cru que je m'engageais dans un dialecte... Ce n'est pas du tout ça. Au contraire. C'est parfaitement clair et c'est de cette clarté même que vient la difficulté. Vous étiez au pâté Beaubourg, vous m'avez entendu lire[1]. C'est si clair que tout le monde ressort avec un visage fermé et que le plus que je peux tirer comme information sur la réception de ce que j'ai fait là, c'est : hou là, qu'est-ce que les femmes doivent en penser ! Voilà, c'est tout. Hou là là, comment est-ce que vous osez ! Quoi ? Qu'est-ce qu'il y a ? Presque rien. C'est très clair. Etant donné que c'est très clair, resurgit beaucoup d'obscurantisme.

L. C. : Ce n'est pas le sens de ce que vous dites qui fait cette réaction, c'est la façon de traiter le sens.

Ph. S. : C'est pareil. C'est ça la littérature.

L. C. : Dans une question, je disais que *Paradis* semble retourné sur lui-même, comme le papier dans une machine à rouler une cigarette. Je me suis intéressé surtout à la « façon » de comment c'est écrit, un peu comme un tableau, comment est-il peint, comment les touches de pinceau se qualifient-elles en style.

1. Lecture publique, le 13 novembre 1978.

Ph. S. : Oui, mais il y a aussi la chose dont ça parle et je vous assure que c'est ça qui est tout à fait censuré.

M. D. : C'est ça qui gêne beaucoup les littérateurs et les commentateurs.

Ph. S. : Je peux vous prendre une page et vous la commenter, disons deux heures. Vous devez sentir, que, quelque part, c'est faisable.

Je vous le fais si vous voulez.

Je peux vous commenter une page et demie pendant deux heures. Qu'est-ce que ça veut dire ? Ça veut dire que – je fais un livre de mille pages, il n'y a qu'à faire le calcul – ça peut se commenter pendant quelques mois en continuité. Ça veut dire que, loin d'écrire un livre, j'en écris au moins cent. Qu'est-ce que ça veut dire ? Qu'au lieu d'avoir un double, j'en ai mille, deux mille. Qu'est-ce que ça veut dire ? Ça veut dire que ça s'infinitise au présent, et ça c'est rigoureusement scandaleux. Il faut pour le consensus sociologique, autrement dit familial, convivial, parce qu'il n'y a que lui, il faut n'être que ce qu'on est et n'être que ce qu'on naît, c'est vite vu. Il faut faire généalogie d'une certaine façon, il ne faut pas pousser. Il faut laisser de la place pour les gens qui sont censés dire ce que ça veut dire, alors... Ça fait une crise. Pas forcément chez les individus. Ça fait une crise très intéressante dans le marché. De quoi ? De l'édition.

Edition. Edition. Editeur. Comme on dit éboueur. Editeur, c'est celui qui tend à éliminer celui qui dit. Voilà la bonne définition, comme le prouve d'ailleurs le mot « edere » en latin qui veut dire à la fois :

exhaler le dernier soupir et accoucher. D'où vient : divulguer, publier, et d'où vient aussi : « editus » qui veut dire excrément, déjection. D'où le fait que Lacan était fort bien inspiré le jour où il a parlé de poubellication.

L. C. : L'éditeur, c'est aussi une fonction d'autoriser l'écrit. Sans éditeur, il n'y a plus d'écrivains?

Ph. S. : Vous voyez bien que là, je fais allusion à quelque chose de l'ordre de l'utérus de ce qui se parle. L'utérus quand il devient russe, croyez-moi, il a toujours tendance à devenir vraiment russe... Eh bien! qu'est-ce que ça veut dire? Que la plupart des gens croient avoir affaire à leur discours, le leur, leur signature?... Pas du tout. C'est l'éditeur qui commande. Le nom important dans cette affaire, je vous montre une couverture, il est en petits caractères en bas. C'est la même chose par rapport à l'art, on ne voit pas les choses importantes, on croit que c'est celles qui sautent aux yeux... Mais non, c'est en réalité un conflit de signatures.

Il n'y a pas d'aventure intellectuelle, je dirai même esthétique, littéraire, au XXe siècle, qui ne soit une affaire d'édition. Je vous le démontre sur Joyce autant que vous voulez. Sur Lautréamont, n'en parlons pas, en plus c'est lui qui signe la modernité de la chose, on va découvrir ça cinquante ans après... Je vous le démontre avec Céline, vous n'avez qu'à lire Céline, lui s'est payé le luxe d'écrire trois gros volumes où il insulte constamment son éditeur. On ne parle jamais de cet aspect des choses. Lisez les *Entretiens avec le professeur Y...* il ne parle que de ça... Voilà les choses importantes. Artaud, n'en parlons pas non plus. Sur tous les cas forts, je vous le démontre, c'est des coups d'édition. Tout ce qui compte soi-disant comme littérature, comme textes canoniques, sur lesquels on revient, on fait des commentaires... Alors, pendant que les gens se découpent des commentaires sur l'art, des histoires sur les livres, un thème chez Machin, et ceci, et cela, la fonction de ceci dans cela... ce qui se joue réellement dans le réel, c'est bel et bien quelque chose qui coince entre support et surface, c'est le cas de le dire.

M. D. : Quelle est la signification, alors, de votre publication de *Paradis* en feuilleton ?

Ph. S. : C'est de produire un symptôme pour que, éventuellement, quelqu'un se demande ce que ça veut dire. Ça ne manquera pas d'arriver que quelqu'un se demande ce que ça veut dire. Vous voyez bien que ce qu'on appelle les écrivains, les artistes, sont tout simplement les zombies du marché. Quand quelque chose se produit vraiment, dans l'ordre du réel, en littérature, ça ne se passe jamais avec l'accord, le corps des éditeurs ou des marchands. Jamais. Le vrai problème du réel, il est là. Par conséquent, *Paradis* ne manque pas de faire symptôme. De là à dire que c'est une impasse inutile, comme le disent les porte-parole de l'utérus du dit, c'est beaucoup dire. Ce qu'ils font, en réalité, c'est vraiment cracher le morceau que le dire en question, dont je m'occupe, ne part pas de cet utérus, du faux trou brandi pour déclencher la peur enfantine du noir. Je n'ai pas peur dans le noir.

Décembre 1978

VIII

ON N'A ENCORE RIEN VU

CHOWKI ABDELAMIR : Je voudrais, pour commencer, vous poser une question générale. Etant irakien, je voudrais vous demander quelle est votre définition de l'Occident[1] ?

PHILIPPE SOLLERS : Il me semble que c'est un principe de contestation. Ce qu'on appelle la culture occidentale, l'aventure occidentale, c'est une certaine négativité énigmatique, probablement de plus en plus énigmatique, mais qui définit bien en quoi la virulence occidentale est en train de s'étendre à toute la planète, à l'ensemble de l'espèce humaine, à l'ensemble de son histoire, et je crois qu'au fond ce principe de négativité qui a pris le nom d'Occident, de culture occidentale, n'est pensable qu'à travers l'aventure chrétienne. Si on veut aller au fond des choses, il nous faut définir l'Occident comme cette très bizarre aventure, surgie du Proche-Orient, sortie de la Bible et de la culture grecque, de leur mélange contradic-

1. Cet entretien a été réalisé pour la revue libanaise *Mawakif*.

toire, de leur opposition fondamentale, de leur multiplication l'une par l'autre, et ça porte un nom : c'est l'aventure de la chrétienté. L'aventure de la chrétienté, c'est aussi l'aventure de ce qu'on appelle la science. Ces deux choses sont inséparables. Je ne pense pas qu'il y ait une opposition entre une certaine négation portée par la science, une certaine insatisfaction fondamentale qui fait que justement la science définit une sorte de connaissance indéfinie – dans un sens dramatique parfois – et, d'autre part, l'invention de ce qu'on peut appeler le sujet. Le sujet au sens où, sans le christianisme – il suffit de relire pour ça les *Confessions* de saint Augustin –, eh bien nous ne saurions pas probablement ce que c'est. Donc il ne faut pas s'étonner si l'aventure occidentale suit son cours. Il ne faut pas croire qu'elle est en crise. Elle a toujours été en crise. C'est la crise elle-même. Elle n'est pas plus en crise aujourd'hui qu'elle ne l'était au IVe siècle ou au XIIe siècle ou au XVIe siècle. Ça a toujours été de la crise, l'aventure occidentale. Quelqu'un qui en était très conscient, c'est Husserl, par exemple, dans *L'Origine de la géométrie*, ou la *Krisis*. Les philosophes du XXe siècle, Heidegger en tête, ont commencé à se réinterroger sur cette aventure occidentale en tant que telle : la crise de la métaphysique elle-même. Je crois que l'Occident n'est pas en crise pour la bonne raison qu'il incarne la crise elle-même, qu'il est le facteur de la crise permanente, de crise au sens tragique, révolutionnaire ou contre-révolutionnaire, au sens négatif mais aussi au sens positif. C'est-à-dire qu'on peut faire d'une part un tableau extraordinaire de toutes les négativités de la culture occidentale, de sa gestion de la mort, un tableau qui irait, si vous voulez, de l'Inquisition au nucléaire, en passant par les camps de concentration, et puis d'autre part faire aussi, exactement de façon symétrique, un tableau de ses positivités qui irait de la peinture à la musique en passant par la littérature et par tout ce que vous voudrez comme sublimation, comme art, comme philosophie, comme connaissance. Donc, l'Occident, je crois qu'il faut le définir comme ça : c'est le principe même de la crise. Critiquer l'Occident, c'est critiquer la crise, c'est-à-dire penser qu'il pourrait y avoir un état sans contradiction de l'humanité, un âge d'or, une résolution des conflits, quelque chose qui tendrait à un messianisme. Là, vous savez de quoi je veux parler : c'est évidemment, sorti de Hegel mais forçant Hegel, le marxisme lui-même, qui pense qu'une certaine contradiction peut être résolue à la fin d'un processus purement historique et que, à ce moment-là, il y aurait un état de non-crise de l'espèce. Je crois que l'illusion de ce type de point de vue s'enracine dans une méconnaissance très profonde de ce qu'est, non pas la vie simplement économique des hommes, leurs besoins, mais de ce qu'il en est de leur désir. Et ce qu'il en est de leur désir, c'est Freud qui est venu nous l'apprendre de façon spectaculaire, c'est Freud qui est venu en constater le nom : ça s'appelle la pulsion de mort, et ça s'appelle aussi la différence sexuelle. C'est-à-dire qu'il y a quelque chose qui ne va pas dans le sexe lui-même, en tant qu'il reste toujours plus inconscient qu'on ne croit, et ça aussi c'est une découverte occidentale. C'est peut-être la plus occidentale des découvertes occidentales, cette révélation que la production même de l'être humain est un ratage, une erreur. Regardez ce que font les philosophes qui auraient tendance à critiquer la civilisation occidentale et l'Occident. Ils pensent qu'il faudrait revenir à une harmonie, à une fraternité entre les hommes où s'estomperaient petit à petit les conflits. Prenez les dernières interviews de Sartre. C'est très intéressant de ce point de vue. Voilà donc Sartre vieux, révisant sa pensée et ses positions, constatant que quelque chose ne va pas ni dans l'horizon révolutionnaire, ni dans l'idéal révolutionnaire, et posant au fond trois questions. La première c'est : qu'est-ce qui s'est passé dans la Révolution française, modèle de toutes les révolutions depuis le jacobinisme jusqu'aux révolutions russes et ensuite mondiales ? Qu'est-ce qu'il y a qui ne va pas là ? Et ici nous sommes bien une fois de plus au cœur de l'Occident, c'est-à-dire dans cette très bizarre invention du concept même de révolution. Deuxième proposition de Sartre : tous les hommes sont frères parce qu'ils ont la même mère. Eh bien, c'est là qu'on voit que Sartre n'a peut-être pas réfléchi à la découverte de Freud. Que dit-il, en effet ? Que les hommes sont issus d'une sorte de mère universelle, de grande déesse nature, de terre primordiale, d'où ils émergeraient un tout petit peu comme les plantes. Cela revient donc à nier que la production de l'être humain se fasse par quelque biais qui n'a rien d'aussi naturel que le croient les humains. Cela revient à ignorer qu'ils ne sont ni des abeilles, ni des papillons, ni des plantes, du fait même qu'ils parlent. Et que ce fait déjà prouve qu'ils n'ont pas la même mère. Et puis enfin, la troisième question que pose Sartre, c'est : et les juifs ? Qu'est-ce que c'est cette histoire juive qui court le long de l'histoire occidentale et mondiale par conséquent ? Qu'est-ce que c'est que cette affaire ? D'où vient l'antisémitisme ? Nous revoilà de nouveau devant les questions fondamentales. Eh bien, dit-il, il y a dans le judaïsme, en effet, une interpellation radicale qui fait que, désormais, on devrait pouvoir penser que les juifs doivent apporter une refondation de l'idée même de révolution, une sorte de refondation de type moral. Mais c'est là qu'on voit dans ce raisonnement quelque chose de très étrange. Car précisément, les peuples du Livre, en tout cas le peuple du premier Livre, d'où sont issus les autres, le Coran pour les arabes ou les Evangiles pour les chrétiens, le peuple de ce Livre-là, premièrement il prétend ne pas sortir de la même mère que tous les autres peuples, et comment donc ! C'est même là-dessus que c'est écrit, la Bible. Deuxièmement, il n'est pas question qu'il accepte – du fait même de cette révélation biblique – une fraternité qui serait la fusion dans une nature originelle, puisque précisément le Dieu qui parle dans la Bible est un Dieu qui vient d'au-delà de la nature et très précisément de l'intérieur même du langage qui est donc défini ici, et *ici seulement*, comme d'un autre ordre que l'ordre naturel. C'est vous dire à quel point la philosophie occidentale, quand elle renonce à interroger ses présupposés anthropologiques, est en cours de crise, elle, pour le coup, et en décomposition. Par conséquent, il ne faut pas parler d'une crise de l'Occident. Il faut parler de la crise de la conception politique des Lumières, qui est un moment bien précis de la culture occidentale. Mais pendant que cette philosophie-là est en crise, cette philosophie que j'appellerai grossièrement philosophie des Lumières, philosophie de la révolution et philosophie de l'homme en tant que nature, pendant ce temps-là l'Occident suit son cours puisque la crise, elle aussi, suit son cours.

Ch. A. : Vous venez de définir l'Occident à travers sa triple composante, biblique, grecque et chrétienne. Mais je crois qu'il y a aussi, par l'Andalousie, par l'Espagne, l'influence des Arabes qui a joué un certain rôle en Occident ?

Ph. S. : Vous avez tout à fait raison, d'autant plus que la culture islamique ou arabe est trop souvent méconnue, du fait même de la coupure qui s'est faite justement en Espagne. En retrouvant l'Espagne aujourd'hui, on va retrouver quelque chose de très important qui a été le foyer de civilisation admirable que l'on doit aux Arabes. Et on sait tout ce qu'on leur doit, qui va de l'algèbre à une très grande littérature et un art merveilleux, et qui a été, en effet, censuré. Mais je pense que les Arabes eux-mêmes, y compris avec ce passé culturel dans une partie de l'Europe, sont en train de faire une rentrée en force dans l'histoire occidentale. Ils font leur rentrée sur la scène de la crise occidentale, mais en fait, c'est la crise occidentale qui rentre aussi très profondément en eux.

Ch. A. : Justement, il s'agit toujours de l'Occident en tant que pôle d'attraction, centre de rayonnement. Mais il ne faudrait pas oublier que, si l'Occident en est arrivé là, c'est aussi à travers une longue histoire de crimes, d'injustices, de violation de plusieurs ressources humaines et terrestres...

Ph. S. : Certainement.

Ch. A. : ... tous ces crimes que l'Occident a commis à travers son histoire, en passant par le colonialisme jusqu'à nos jours...

Ph. S. : C'est un fleuve de sang, de boue, mais aussi d'or. Je pense à cette conversation, dans le film *Le Troisième Homme*, vous avez un dialogue à Vienne, entre Orson Welles et je ne sais plus quel autre acteur, ils sont dans la grande roue de la foire de Vienne et ils discutent comme ça des affaires du monde en un dialogue très beau. Et, justement, à un moment, je crois que c'est Orson Welles qui dit : en effet, l'Italie, Machiavel... Relisons les chroniques florentines... que de crimes ! On s'assassinait tout le temps ! Que de corruption ! Que d'injustices, etc. Mais évidemment quelles réalisations aussi, les églises, etc. Alors que la Suisse, où, en un sens, le crime n'a pas été extraordinairement visible, eh bien (dit Welles) regardez ce qu'elle a inventé : simplement le coucou, l'horloge, la mécanique d'horloge. C'est une pensée qui peut paraître très cynique mais qui nous met devant la contradiction, la déchirure qu'il y a dans l'espèce humaine *en elle-même*, c'est-à-dire capable des maux les plus atroces et *en même temps* des réalisations les plus sublimes. Je crois qu'il faut que nous prenions de plus en plus conscience que l'être humain est *en lui-même* double, divisé, que ce n'est pas seulement un processus historique entre classes – que l'histoire, en effet, c'est la lutte des classes si vous voulez, bien sûr, mais ça n'est pas seulement la lutte des classes, c'est la lutte entre les hommes et les femmes, entre ceux qui sont de telle ou telle couleur, entre les familles, parfois pour des intérêts qui n'ont presque rien à voir avec des intérêts purement économiques, qui sont aussi des intérêts passionnels, des intérêts sexuels, et tout cela fait une trame, une fresque extraordinaire qui vous donne notamment le très grand théâtre quand c'est Shakespeare qui s'en occupe. Donc l'être humain n'est pas cette unité anthropologique; et contre le rêve des philosophies qui veulent en faire une unité (le rêve rousseauiste si vous voulez : l'homme est bon, la Société est mauvaise), il faut avoir l'audace de redire après des milliers de penseurs qui sont arrivés à la même constatation d'ordre métaphysique, que l'homme n'est pas bon.

Ch. A. : Flaubert finalement?

Ph. S. : Flaubert notamment, pas seulement. Il y a toute une tradition, ce n'est pas seulement Flaubert, c'est Lautréamont, c'est Artaud et c'est Freud si vous voulez. Ça n'est pas un jugement moral; la découverte de Freud, à savoir que l'être humain est habité par la pulsion de mort dont il n'a même pas conscience, est une découverte fabuleuse.

Ch. A. : Mais finalement, rappeler que toutes les créations humaines se sont faites au prix de vies humaines, d'un déploiement de crimes et de barbarie, est-ce que c'est une idée révolutionnaire, une idée humaniste, ou simplement la constatation d'une réalité tout de même très pesante?

Ph. S. : Voilà : je crois que la pensée humaniste, dont fait partie notamment la pensée révolutionnaire, a produit désormais pratiquement tous ses effets. Pas encore tous ses effets peut-être mais ses derniers effets sont calculables. Ils n'étaient pas encore calculables au XVIIIe siècle ni au XIXe siècle. C'est une pensée qui a produit ses effets, la pensée selon laquelle l'homme est bon, selon laquelle il y a une égalité entre les hommes, une fraternité entre les hommes, une solidarité organique à l'intérieur de l'espèce humaine. C'est une pensée sublime, surgie à un moment très précis de l'histoire, qui vient de loin et qui a produit ses effets. Mais ces effets ne sont pas ceux qu'avaient prévus les initiateurs de cette pensée qui avaient pour but généreux, sincère, illuminant, de transformer un monde qui leur paraissait clos, « l'Ancien Régime », en un monde plus juste, plus fraternel, etc. Ces mêmes penseurs, à supposer qu'ils aient vécu assez longtemps pour voir les conséquences de leur pensée, seraient désormais devant un mur, une impasse. C'est pour ça que la dernière interview de Sartre est très importante. Car cette pensée humaniste, révolutionnaire, fraternelle, illuminante, libératrice, conduit elle aussi à un certain nombre de résultats qui sont de mieux en mieux connus tout de même, qui sont les charniers, l'oppression, le camp de concentration, l'internement. D'où la crise. En fait, s'il y a une crise, je le répète très fermement, c'est la crise de cette pensée-là de l'Occident, mais ça n'est pas la crise de l'Occident. Et par là même, ô surprise, alors qu'il pourrait paraître logique de parler de crise de la spiritualité, de déclin, d'extinction du religieux, au contraire vous assistez partout à un renouveau d'intérêt, à un renouveau de questions à propos du spirituel et du religieux. Qu'est-ce que c'est le spirituel et le religieux ? C'est l'idée que le monde n'est pas bon, enfin qu'il y a du péché à l'origine, quelque chose qui ne va pas, et qui a besoin en tout cas qu'une révélation se produise venant d'ailleurs pour éclairer les hommes. Les hommes par leurs propres moyens ne le savent pas (c'est pour ça que, dans un cas, on a besoin de prophètes, dans un autre d'une incarnation, dans un troisième d'un Prophète qui soit le dernier des prophètes si on accepte la thèse de l'Islam). Eh bien je dirai que, de même que cette époque religieuse était dépassée au moment où est surgie la grande pensée humaniste de la Renaissance, de même cette pensée humaniste, on en vit aujourd'hui la fin. Si nous sommes des penseurs humanistes, nous sommes exactement dans la même situation que des religieux du Moyen Age voyant arriver la Renaissance avec stupeur. C'est une des multiples crises occidentales. Voilà ce qu'il nous faut penser. Un renouvellement des Lumières, en somme, si nous voulons éviter une nouvelle régression.

Ch. A. : Si vous voulez bien, nous allons complètement changer de sujet et aborder des domaines plus spécifiquement littéraires. Si je remonte un peu dans le temps, je me souviens d'une réflexion de Francis Ponge, lors d'une discussion qu'il avait eu avec vous, où il refusait de se classer parmi les poètes. Il est évident que sa poésie n'a pas grand-chose à voir avec ce qu'on appelle traditionnellement poésie. De même que vos romans n'ont pas grand-chose à voir avec ce qu'on appelle d'habitude roman. Or, vous, à l'inverse de Ponge, vous insistez sur cette appellation de roman. Est-ce que vous croyez que ces genres, ces classifications, ont encore un sens et un avenir?

Ph. S. : Eh bien, oui, je suis persuadé d'une extension sans précédent du roman. Je maintiens le mot roman comme terme englobant tous les types de langage. La réflexion de Ponge est une formulation, certes estimable, mais partant d'une vision trop réduite de ce qu'on peut faire avec le langage, trop cadrée, trop limitée qui en un sens va vers une idéologie trop artisanale. Je pense qu'au contraire la littérature peut désormais être vécue sur le modèle de la grande industrie, de la grande recherche scientifique, et d'une extension sans précédent de ses pouvoirs. Pourquoi? Et pourquoi est-ce que je garde le terme de roman pour englober tous les types de langage? Je pense que nous sommes toujours dans la même aventure humaine qui consiste à raconter ce qui se passe. Raconter ce qui se passe, voilà la question. De ce point de vue, je me sens entièrement solidaire de quelqu'un comme Balzac au moment où il écrivait. J'ai le même projet, c'est-à-dire raconter le plus possible d'informations sur la réalité humaine au moment où elle se passe. Seulement voilà, il s'est passé bien des choses depuis Balzac, et pourtant le terme de roman me paraît devoir être maintenu. Il n'est pas dépassé parce que c'est la forme qui peut englober toutes les autres formes : poésie, épopée, lyrisme, comme sous-ensembles, comme des plaques qui fonctionnent en lui. Le principe, c'est le récit, c'est : au commencement était... quoi? le chaos, le Verbe, et puis après ça on raconte ce qui se passe. Il faut raconter la création. Alors quel est le problème, quand je dis que la littérature doit être vécue sur le modèle de la grande industrie ou de la recherche scientifique? Je veux dire que nous sommes à l'époque où le romancier, c'est vraiment quelqu'un qui se pose toutes ces questions dans tous les sens, qui se pose la question de la formidable multiplication des informations techniques auxquelles il peut avoir accès, qui se pose la question de la technique justement scientifique, qui doit s'intéresser aux sciences de son temps. Aujourd'hui, un écrivain, un romancier, doit s'intéresser à la biologie, à la génétique, à l'électronique, à la télématique, et savoir se servir d'un ordinateur par exemple. Un poète doit avoir une compétence proche de celle d'un ordinateur, être à l'écoute de toutes les informations de toutes les langues, de toutes les cultures, et de tout le passé de ces cultures. C'est pour ça que le roman s'étend au point de pouvoir s'incorporer les langages poétiques. Et le roman s'étend aussi au point de se demander ce qui est réellement raconté dans les livres sacrés, ce qui est vraiment raconté dans la Bible, ce qui est vraiment raconté dans les Evangiles, ce qui est vraiment raconté dans le Coran. Qu'est-ce que ça veut dire ? Voilà une extension du roman : se demander ce que ça veut dire. Au lieu qu'on a passé des siècles et des siècles à réciter ces textes et à croire comme vérité religieuse ce qu'ils racontaient. On a fait de même avec les poètes. On les récite, on les apprend par cœur, on croit qu'il s'agit d'un fragment de sacré... Le roman est par définition critique, négatif, dissolvant, subversif, éminemment révolutionnaire au sens que je lui attribue, c'est-à-dire typiquement occidental, c'est-à-dire la reprise de tous ces lambeaux de sacré et leur dissolution explicative, en racontant pourquoi ça se forme comme ça et pourquoi ça s'adore comme ça dans le langage. Le Roman, c'est la forme extrême et positive de la négativité créatrice, sous la forme de l'intégration à la fois des informations et des modes d'énonciation rythmiques et poétiques. Par conséquent, un roman d'aujourd'hui qui serait en état de pouvoir dissoudre toutes les socialisations du langage, jouerait, à mon avis, un rôle de civilisation extrême. Premièrement parce qu'il décrirait, il raconterait réellement dans quel tissu les hommes sont désormais pris, qu'il n'est pas du tout le tissu auquel idéologiquement ils croient; ensuite parce qu'il raconterait les vrais rapports de force, exactement comme Balzac mais d'une façon toute nouvelle parce que les calculs des bourgeois de Balzac, ou des personnages du « milieu », des truands de Balzac, ne sont plus les calculs d'aujourd'hui. Nous sommes dans des systèmes, n'est-ce pas, où l'enregistrement des calculateurs, les enregistrements bancaires, les rapports de force d'argent peuvent se raconter d'une tout autre façon qui n'arrange pas du tout forcément les pouvoirs en place. Les pouvoirs en place, ce n'est pas seulement les banques ou les grandes entreprises multinationales, ce sont aussi les dirigeants des pays qui veulent fermer les frontières et ne pas raconter ce qui se passe dans leur propre société. Le romancier doit être capable de comprendre *comme un banquier d'aujourd'hui* ce qui se passe comme exploitation des richesses humaines. Il doit être aussi capable de comprendre comment cette information est gérée, diffusée, retenue, capitalisée, stockée, empêchée, etc. Voilà ce que c'est un romancier aujourd'hui. Le romancier d'aujourd'hui est encore une fois un réaliste. Je me sens être un réaliste typique.

Ch. A. : Lorsque nous nous sommes rencontrés l'autre jour, vous avez parlé de « l'information ». Vous avez dit, en parlant de votre livre *Paradis*, que vous vouliez mettre le plus « d'informations » dans une langue très résumée et claire...

Ph. S. : A la limite, la formule pourrait être rapprochée d'une formule qu'a eue Ezra Pound quand il a parlé des *Cantos*. Il a eu cette formule du « maximum d'informations dans le minimum de rythmes ou de mots », n'est-ce pas ? Et c'est aussi le projet de Joyce, qui est, à mon avis, le très grand personnage dans la littérature du XXe siècle. Je crois qu'il s'est posé tous les problèmes qui nous agitent encore aujourd'hui.

Ch. A. : A ce propos, je voudrais savoir ce que vous entendez par le mot « information » ? Et aussi ce qui, dans une conception aussi universelle, radicale, de la littérature ou du roman...

Ph. S. : Catholique, au sens d'universel !

Ch. A. : Justement, le mot catholique me convient parfaitement, car je voudrais vous demander quelles limites existent encore, dans cette conception, entre littérature et religion ?

Ph. S. : Vous savez que ces frontières, depuis toujours, sont extrêmement floues. C'est-à-dire que, depuis qu'il y a du sacré, il y a aussi une pratique essentielle qui vient du plus lointain de ce que nous pouvons constater dans l'humanité, qui est une pratique esthétique. Elle est magique dans la préhistoire. On en a les peintures rupestres, mais enfin la grotte de Lascaux, vous pouvez non pas seulement la voir mais aussi l'entendre. Vous pouvez tenter d'avoir accès à ce que ces gens-là pouvaient rythmer, pouvaient scander, pouvaient réciter comme incantation.

La littérature, ça vient de loin. Ça vient d'aussi loin que l'animal humain parlant. Et nous en gardons des traces, à partir du développement de l'écriture jusqu'à nous, et puis à partir de nous, avec cette mutation qui semble s'engager, formidable, ce passage dans une civilisation d'audiovisuel comme on dit, cette entrée dans une autre ère. Nous sommes probablement à la veille d'une mutation de l'espèce humaine aussi grandiose, aussi impressionnante que celle vécue par les Sumériens... Alors les frontières entre la littérature et la religion sont très indécises. Vous ne trouverez pas, à proprement parler, sauf très bizarrement d'ailleurs au XVIIIe siècle, une frontière très tranchée. Sauf chez les écrivains dits « encyclopédistes », qui arrivent à un degré presque zéro des rapports entre la religion et la littérature, et qui produisent cet art magnifique d'ailleurs mais très limité dans le temps, parce que déjà, quand on prend la fin du XIXe siècle, on voit que la question se repose avec Rimbaud, avec Lautréamont, avec Mallarmé, avec Balzac même, qui écrit non seulement *La Comédie humaine*, mais à l'intérieur de *La Comédie humaine* des tas d'ouvertures vers des mondes qui sont déjà beaucoup plus irrationnels qu'on ne le croit. Le comble du rationnel c'est le XVIIIe siècle. Et ça, ça m'intéresse beaucoup, qu'il y ait là une frontière entre la littérature et la religion. Or il y a quelqu'un au XVIIIe siècle qui va jusqu'au bout de cette séparation, devenant par là même un symptôme très extraordinaire, c'est Sade. Le cas le plus fascinant de l'histoire de la littérature mondiale humaine, c'est Sade. Parce que lui va jusqu'au bout d'une expérience très étonnante, tout à fait liée à la question de la négation de Dieu (il suffit pour s'en convaincre que vous lisiez le recueil établi par Gilbert Lély des « discours contre Dieu » de Sade : vous verrez à quel point Sade, loin de se contenter d'un athéisme paisible, va beaucoup plus loin encore et représente une subversion de la raison considérable parce que son athéisme est fanatique). Et en même temps il révèle que c'est au nom du sexe que ce fanatisme ne peut pas ne pas avoir lieu. C'est une révélation. Sade a *besoin* de s'appuyer négativement sur Dieu : du coup, la prise sexuelle devient dicible. Je dirai que c'est la première démonstration négative que nous ayons noir sur blanc. Il n'y en a pas d'autre et elle s'est produite en français. Et depuis que Sade a écrit, il ne cesse pas de hanter l'atmosphère, n'est-ce pas ? Et je vous ferai remarquer que, de même que nous avons inventé la révolution, nous avons inventé aussi la première trace noir sur blanc de la causalité sexuelle radicale de l'espèce humaine. Donc je dis qu'il y a une frontière extrêmement ambiguë entre la littérature et la religion du fait que cette frontière est perméable et les choses sont très liées l'une à l'autre (n'importe quel poète aura une coloration plus ou moins religieuse à un moment ou un autre de son œuvre, elle sera de type chrétien en milieu chrétien, elle peut être la perpétuation d'une tradition païenne dans un religieux païen ; Ponge que vous citiez tout à l'heure est un religieux païen, religion romaine préchrétienne, etc. D'autres auront en milieu islamique, en milieu juif, telle ou telle coloration. En milieu bouddhiste ou en Chine, prenez la magnifique tradition de la poésie taoïste par exemple). Il y aura, il y a toujours eu entre l'art, la littérature et la religion des contacts, des infiltrations réciproques, mais aussi une bizarre contestation réciproque. Car, de même que Platon se méfie déjà des poètes et de la littérature, de même les gestionnaires de la religion se méfient des excès des littérateurs ou des poètes qui vont à quoi ? à une expérience subjective en général de type mystique, ce qui n'arrange pas du tout les responsables de la gestion religieuse. Il y a toujours eu ce grand conflit dans toutes les civilisations entre les mystiques et, si vous voulez, les prêtres, les imâms, les rabbins. De même que vous avez une tradition de la Kabbale qui s'oppose à une tradition du Talmud, de même vous avez une tradition de gestion de la communauté sociale. Voir le martyre de Al Hâllaj.

Ch. A. : Permettez-moi de vous interrompre là et de continuer ma question ; ce terrain que se disputent sans cesse la religion et la littérature ne reflète-t-il pas le conflit permanent de l'homme avec Dieu, conflit que la littérature n'arrête pas d'exprimer, mais *depuis* le point de vue de l'homme ?

Ph. S. : Plutôt que l'homme, il faudrait dire le sujet. Loin de se contenter de l'esprit communautaire ou d'une religion (y compris une religion laïque), un certain nombre d'individus vont plus loin ou cherchent autre chose et, précisément, je les appelle des sujets plutôt que des hommes car rien ne prouve que dans cette aventure ils restent des hommes. C'est même ça qui inquiète tellement la communauté humaine. Et à vrai dire, poésie, mystique, littérature, c'est une expérience où la problématique dite de l'homme se dissout, c'est bien ça qui est notre objet de discussion. Artaud ne vous dira pas qu'il est un homme et Lacan vous fera remarquer que Socrate n'a jamais dit de lui-même qu'il était un homme.

C'est pour ça que l'on a inventé le syllogisme fameux : tous les hommes sont mortels or Socrate est un homme, donc Socrate est mortel. Mais Socrate ne dit jamais qu'il est un homme; c'est la communauté qui veut absolument en faire un homme. Les mystiques n'arrêtent pas de dire ça, qu'ils ne sont pas des hommes, et ça choque d'une façon très légitime leurs contemporains. Donc je préfère employer le terme de sujet. Mais vous avez tout à fait raison, c'est une lutte toujours renouvelée entre un principe transcendant et l'existence humaine. Et, bien entendu, si vous avez un fondateur de religion, ce fondateur est-il un homme? Il suffit de poser la question pour voir que la difficulté est tout à fait stricte. Alors, chacun répond comme il peut. Le Bouddha est-il un homme? Oui, si vous voulez. Muhammad est-il un homme? Certainement mais enfin... C'est plus que ça quand même, c'est le serviteur, c'est une élection... Alors les chrétiens vont encore plus loin, c'est eux qui vont le plus loin, c'est pour ça qu'ils représentent la crise fondamentale, car le Christ, carrément, lui, il est deux. Et je crois que toute la littérature se ressent de cet événement qui, d'ailleurs, comme vous le remarquez, est donné sous forme de récit, de roman, et non pas sous forme de loi. Les Evangiles, ce sont quatre romans qui racontent la même chose de façon un peu différente; c'est l'invention du roman. Il s'agit vraiment de l'émergence du roman moderne. Vous savez que ça a été le thème d'une discussion interminable que de savoir si le Christ avait deux natures, s'il n'en avait qu'une en fusion, s'il était à la fois vrai Dieu et vrai homme, etc. Donc il y a une bibliothèque entière là-dessus, on s'est bagarré, on s'est égorgé pour des histoires comme ça. Et parfois, bien au-delà, il faut y insister de ce qu'exigeaient les besoins économiques. Les guerres de religion sont certainement sous-tendues par des conflits de pouvoir économique, mais enfin, disons qu'il s'y révèle aussi quelque chose de l'ordre d'une *passion* qui va très au-delà de ce qu'on a l'habitude d'attendre d'un conflit purement économique. Je vous en donne un exemple, très bien mis en évidence à mon avis par Bernard-Henri Lévy dans son *Testament de Dieu*, c'est qu'en fait même le nazisme est une guerre de religion. La passion extraordinaire, qui ne s'est jamais vue à ce point-là (voilà encore une des crises occidentales dont nous vivons les conséquences) mise par Hitler et les nazis à essayer d'en finir avec le peuple juif, ne peut être comprise que si on l'analyse comme une passion strictement religieuse, et pas seulement économique. L'écrivain, le romancier, le poète a toujours affaire, je dis bien toujours, à la question religieuse. Il peut évidemment prétendre que non. Il peut croire que non. Mais je dirai que s'il croit que non, ça va se lire quand même dans sa position. Je peux vous donner des exemples innombrables (et ça n'est pas assez fait, je crois qu'il faudrait insister beaucoup là-dessus) de ce qu'est le problème religieux pour chaque écrivain, même les plus réalistes, que ce soit Flaubert, que ce soit Balzac, ou que ce soit Kafka, Joyce, Pound ou qui vous voudrez, Faulkner, Céline, Artaud, Bataille... Je suis sûr qu'on pourrait beaucoup avancer dans l'étude de la littérature si on posait plus finement et plus rigoureusement le problème des liaisons entre la littérature et, disons, le sacré ou la religion. Ou, pour parler comme Bataille : « la littérature et le mal ». C'est le titre d'un livre capital, pour ma génération à moi en tout cas. Et c'est vrai aussi pour Soljénitsyne, qui n'est compréhensible, lui aussi – et ça gêne suffisamment tout le monde – qu'à l'intérieur d'une visée religieuse. Ça m'a beaucoup frappé encore en relisant un livre récemment sur Soljénitsyne de voir à quel point il a vécu son œuvre, sa vie, et sa vie pour son œuvre, comme une passion religieuse tout à fait fondamentale; alors là c'est une autre tradition encore, c'est la tradition orthodoxe qui est bien mal connue, qu'on a essayé de supprimer, mais qui est aussi, comme vous le savez, en effervescence. Regardez le tableau de la planète : en Russie, des questions religieuses : les juifs, les orthodoxes, les musulmans, les catholiques, et le marxisme en tant que religion officielle. Prenez la Chine : de nouvelles attaques contre le christianisme viennent d'y paraître. Je vous en donne la preuve immédiate, j'ai la coupure de presse ici. Voici ce qui est dit : « Il faut dénoncer les soldats (c'est un article paru dans le *Journal de l'armée de libération nationale*) qui ont pour idéal politique la fausse démocratie et les soi-disant droits de l'homme, qui s'engagent dans l'anarchisme, l'ultra-individualisme et vont même jusqu'à croire au Christ. » C'est tout à fait extraordinaire. Voilà donc le christianisme assimilé, aujourd'hui en Chine (regardez ce tableau) à l'anarchisme, à l'ultra-individualisme et à la défense des droits de l'homme, c'est remarquable. De même que Kolakowski, Polonais, qui était l'autre jour à Paris et qui disait qu'en Pologne aujourd'hui, ô surprise, c'est l'église catholique qui devient l'asile de la vérité et de la défense des droits de l'homme par rapport justement à la religion d'Etat. Il faut tenir compte de ces religions d'Etat. Regardez donc ce tableau romanesque : en même temps, l'islam en plein réveil, que ce soit l'Iran, mais que ce soit aussi l'Afghanistan où vous avez affaire à des gens qui résistent (avec des armes qui sont mille fois inférieures, mais enfin on sait qu'il y a ce « Allah akbar » qui les soutient contre la religion d'Etat qui, elle, est bien armée). Mais vous avez aussi l'envers, c'est-à-dire la multiplication des sectes religieuses aux Etats-Unis, le satanisme, l'intérêt pour l'occulte... tout ça est en pleine effervescence. Nous sommes sur une planète en plein bouillonnement par rapport à cette question religieuse. Et vous auriez dit ça à Monsieur Renan à la fin du XIXᵉ siècle, en l'interrompant pendant qu'il rédigeait son *Avenir de la Science*, vous auriez dit ça à un intellectuel aux sens de clerc, de philosophe, et même vous auriez dit ça à Sartre il y a quinze ans, ils vous auraient ri au nez, ils vous auraient dit, c'est impossible, l'avenir de l'humanité ne peut pas être ça, nous l'avons calculé... C'est la raison pour laquelle vous avez cette crise qui prend de vitesse tout le monde. Ce qui fait que les gens qui ont été contre la guerre du Viêt-nam témoignent aujourd'hui pour les gens qui sont en train de mourir de faim au Cambodge, ou dans les camps de réfugiés en Thaïlande. Et si on leur dit, mais comment ? vous étiez contre la guerre au Viêt-nam, et alors vous ne saviez pas ce qui allait se passer ? Et ils sont obligés de se raccrocher à quoi ? Que peuvent-ils répondre ? Droits de l'homme, droits de l'homme, droits de l'homme... Mais comment fonder les droits de l'homme ? C'est ça la grande question. Est-ce que l'homme fonde les droits de l'homme ? Est-ce qu'une conception de l'homme fonde les droits de l'homme ? C'est la tentative admirable au XVIIIᵉ siècle : tous les hommes naissent libres et égaux, est-ce vrai ? Non, nous le savons bien, ils ne naissent ni libres ni égaux, hélas, alors nous allons essayer de les rendre libres et égaux. Et on a essayé par différents moyens rationnels, qui ont abouti à des impasses; par conséquent, la question est reposée : quel est le fondement transcendantal des droits de l'homme? Est-ce qu'il faut, ou pas – pour qu'il y ait des droits de l'homme qui fonctionnent – le recours à une transcendance, oui ou non? C'est le grand problème de notre temps. Et la littérature qui n'en parlerait pas serait une littérature factice; c'est-à-dire qui ne serait pas au cœur du problème. Moi je dis qu'Artaud parle des droits de l'homme, il en parle et je vous le démontre. Ça n'a pas l'air d'être une *prédication* pour les droits de l'homme, parce que la littérature n'a pas à faire un prêche comme je suis en train de faire maintenant. Maintenant, je ne suis pas en train d'écrire; si j'écris, je vais attaquer la question en profondeur; là, je fais l'interview avec vous pour que la pensée soit éventuellement comprise. Mais je dis qu'Artaud parle des droits de l'homme parce qu'il parle des droits aussi de l'irrationnel. Et l'homme est pour une grande part quelque chose d'irrationnel. Et vouloir nier cette dimension c'est lui porter atteinte, le diminuer, vouloir sa mort. Parce que les droits de l'homme, en général, sont posés comme les droits du robot qui n'aurait que des besoins. Mais l'homme n'est pas seulement un être de besoin; c'est un être de désir. Et c'est le moment de citer les Evangiles, à savoir que l'homme vit aussi de toute parole qui arrive à sortir d'elle-même. C'est-à-dire que le langage est essentiel, qu'il est aussi important que la nourriture, et peut-être même beaucoup plus important. Donc, assez avec « l'homme », parlons plutôt des droits de l'individu ou de l'être parlant.

Ch. A. : Vous avez vous-même parlé il y a quelque temps de la crise de l'avant-garde en expliquant que les avant-gardes avaient jusqu'ici toujours été doublées d'un projet révolutionnaire, en gros le projet marxiste, et qu'elles entraient actuellement en crise en même temps que ce projet. Mais, dans le tiers monde, vous savez que le marxisme continue à porter un certain nombre d'espoirs, qu'il y est toujours par conséquent très vivant. Alors est-ce de là, de l'Orient, du tiers monde, que va venir une nouvelle avant-garde ?

Ph. S. : Eh bien justement, l'avant-garde, à mon avis, ne va venir ni du tiers monde, ni de l'Orient et la raison en est simple : si j'étais dans le tiers monde ou en Orient, je serais probablement encore marxiste, mais alors je commencerais à avoir des ennuis parce que je deviendrais un marxiste très bizarre qui serait obligé de lutter à la fois contre l'oppression courante et contre les différents représentants du marxisme. C'est-à-dire que je serais obligé de me débattre au milieu de contradictions considérables qui feraient de moi assez vite un *éliminé* du grand partage actuel du monde entre, simplement, deux super-puissances qui essayent de s'équilibrer sur la planète. Ce qui est tragique, c'est que les combattants du marxisme, qui combattent sincèrement pour un idéal de justice, de liberté, etc., sont des pions sur un échiquier mondial. Et nous, nous savons comment ces pions sont sacrifiés, éventuellement, quand ça ne correspond plus à l'équilibre des rapports de force entre les puissances qui n'ont pas un but de libération, de justice et d'humanisme, mais simplement de puissance et d'augmentation de puissance. Ça devrait toucher très vite le tiers monde et tous les pays où le marxisme reste vrai en tant que protestation : on a assisté depuis un ou deux ans aux premières guerres inter-socialistes qui étaient impensables encore il y a dix ans; c'est la Chine et le Viêt-nam se tirant dessus. Et demain, vous verrez, ça peut aller plus loin; c'est-à-dire qu'il y a maintenant les marxistes qui se tirent dessus d'abord. C'est ça le problème. Donc je crois qu'en effet cette histoire des avant-gardes européennes est terminée elle aussi parce qu'elle est liée à une époque très précise. En effet, ça a fait un peu scandale quand j'ai remué ça, parce que je trouvais que ça ne pouvait plus continuer, le ronron sur l'avant-garde, les avant-gardes... patati... patata..., tout le monde répétait finalement... rien. Si on prend par exemple le problème du surréalisme, c'est très simple; en effet, l'horizon était la révolution marxiste, mais l'horizon était aussi une libération de l'esprit et de l'irrationnel. Et il y a eu contradiction très rapidement; c'est si vrai que, si vous prenez le cas Breton qui reste fidèle à la figure de Trotsky jusqu'à la fin de ses jours, de façon d'ailleurs très honorable, Breton était à la fois pris dans cette idée d'un avenir meilleur de l'humanité à travers la révolution sociale (mais alors au sens du martyre de Trotsky si vous voulez, éliminé par le stalinisme) et en même temps il était tourné vers l'ésotérisme, vers une recherche, une recharge du sacré; c'est très clair dans la vie et l'œuvre de Breton. Donc on a assisté sans cesse à cette contradiction entre, d'une part l'aspiration généreuse et philosophique au sens des Lumières, et d'autre part quelque chose qui ne marchait pas, qui n'entraînait pas avec soi une libération intellectuelle.

D'où la position d'Artaud, très rapide, disant : vous savez, moi, je veux aller jusqu'au bout tout de suite, je ne veux pas remettre à demain, me subordonner à un projet révolutionnaire, etc. C'est la fameuse polémique entre Artaud et Breton. Eh bien, l'avant-garde, c'est une idée qui est née autour de la Révolution russe pour l'Occident. Et, finalement, quand on parle de l'avant-garde, on reparle toujours en peinture, architecture, de ce moment très bref, étincelant, des années 20, des formalistes, et futuristes russes. Cette expérience est admirable; nous l'avons, nous, à *Tel Quel*, fait connaître autant que possible en France, nous qui avons traduit, les premiers, les formalistes russes en essayant de bien les mettre dans leur contexte. Mais, aujourd'hui, dire que cette expérience d'avant-garde se poursuit, c'est fallacieux. C'est devenu académique, l'avant-garde, vous comprenez. Le poète d'avant-garde est parfaitement prévu sur l'échiquier, il n'a plus aucune fonction subversive, on lui demande de faire son petit truc et de ne pas poser de questions, d'être un tout petit peu hermétique, érotique, ésotérique, formaliste, mais de ne pas poser de questions gênantes. C'est pour ça que je ne suis plus d'accord avec ce concept d'avant-garde. C'est une révolte morale en même temps qu'esthétique, car je pense que ça fait des œuvres très limitées qui se contentent de cette limite, de cette marginalité. L'art est toujours contestataire; il l'était en 1920-25 sous la forme de l'avant-garde; il ne l'est plus aujourd'hui sous cette forme. Certes, je ne demande surtout pas un retour à l'académisme, au contraire. Avant-garde, c'était un terme qui voulait dire que la société allait suivre, évoluer, etc.; eh bien, des expériences multiples montrent que, pas du tout, il y a une contradiction, et les gens d'avant-garde se retrouvent dans des places figées, ce sont des perroquets, si vous voulez, du pouvoir; des perroquets choyés d'ailleurs, parfois. Tantôt choyés, tantôt corrigés. Ou alors, par exemple en France, dans la mouvance du parti communiste. C'est-à-dire que ce sont des espèces de danseuses qui doivent faire leurs petites expériences fétichistes mais surtout ne pas penser trop. Moi je suis pour que l'écrivain pense *trop*; trop pour son temps. Alors, il faut toujours demander : qu'est-ce que ça veut dire ? Et je crois que les choses les plus compliquées, les plus complexes, peuvent se dire aussi simplement; et la question qu'il faut poser à toute avant-garde, quand elle prétend en être une, c'est : dites-nous ça aussi de façon très simple. Et compter les idées.

Ch. A. : Vous êtes classé dans le *Robert* comme écrivain d'avant-garde...

Ph. S. : Justement, si le dictionnaire le dit, c'est que c'est faux.

Ch. A. : Je dis d'avant-garde comme précédemment j'ai dit « romancier »...

Ph. S. : Je suis un romancier à la Balzac !

Ch. A. : Donc quel est l'acte que vous-même introduisez par vos écrits... ?

Ph. S. : Je suis un réaliste. J'ai affaire au réel, ce qui n'est pas forcément la réalité. La réalité c'est ce que racontent les journaux, c'est ce que nous constatons mais nous pouvons nous tromper. Le réel, c'est ce qui se passe réellement dans l'ordre des rapports de force pas forcément tous visibles; c'est *notamment* la politique mais je crois que ça va plus loin que la politique. Voilà pourquoi j'écris au lieu de faire de la politique. Si je pensais que tout se résume à la politique, je ferais simplement de la politique. Mais je crois que ça va plus loin que la politique, c'est-à-dire que la politique n'est elle-même qu'un symptôme de quelque chose de plus profond qui est d'ordre métaphysique, je ne crains pas d'employer le mot. Et à ce moment-là, le vrai roman commence. Car si, du point de vue d'une métaphysique stricte (métaphysique, au sens d'au-delà du physique, de tous les physiques), je commence à raconter la façon dont on fabrique le physique, alors je fais une œuvre réaliste, je montre comment les corps s'engendrent par illusion, comment l'humanité *se vit* elle-même comme une illusion, se raconte de fausses représentations du monde, se raconte des religions, des rêves, des biographies imaginaires; je fais mon travail qui est, si vous voulez, aussi d'un ordre théâtral (c'est du roman métaphysique, au sens où Shakespeare fait du théâtre métaphysique) et ça veut dire simplement que c'est le meilleur point de vue possible sur le réel, le meilleur point de vue réaliste possible sur la société de mon temps. C'est-à-dire qu'il faut que je la prenne d'un point qui la traverse, cette société. Balzac finit par dire qu'il est monarchiste et catholique; il est très provocant, Balzac (le romancier préféré de Marx). Balzac est réactionnaire du point de vue de Marx? Mais Marx, intelligent – il n'est pas comme les marxistes –, Marx, lui, intelligent et génial, qui n'est pas marxiste, sent quand même qu'il y a quelque chose dans ce fonctionnement dit « Balzac », quelque chose qui vient d'ailleurs que l'être social de Balzac. Marx, lui-même – je le prends à témoin – quand il cite Dante, quand avec Engels il se réfère à Dante, vous serez d'accord avec moi qu'il se rend compte de loin que Dante est d'un réalisme absolu. C'est quelqu'un qui juge très exactement *qui* va en enfer et *qui* n'y va pas. C'est d'un réalisme extraordinaire, Dante. *La Divine Comédie* est d'ailleurs très influencée aussi par la pensée arabe (comme Borges, d'ailleurs, qui est un des rares écrivains contemporains du XXe siècle à connaître le Coran et la littérature arabe, *Les Mille et Une Nuits*, c'est aussi très important pour la littérature. Vous savez que Marcel Proust pensait écrire *Les Mille et Une Nuits*...). Alors, de ce point de vue, il faut que je trouve, pour être vraiment réaliste, le point de vue par où l'histoire de l'humanité va m'apparaître comme un rêve, comme une illusion que les hommes se font, et que je le dise. Comment est-ce que je trouve ce point? Je ne le trouve pas à l'intérieur du monde. Il faut que je le trouve hors du monde, ce point. Non pas pour y faire du religieux mais pour devenir réaliste. Il faut donc que je fasse ce très curieux chemin. Et je pourrais dire aussi bien que c'est vrai pour Céline, dans ses déclarations d'athéisme complet. Mais quand il dit que tout est dans saint Jean, qu'est-ce qu'il veut faire, lui? Ecrire la nouvelle apocalypse. C'est pour ça que Céline, dont vous m'accorderez qu'il n'est pas précisément un tempérament religieux (sauf dans sa passion fanatique) est aussi un très grand romancier et poète réaliste, c'est-à-dire notamment un des rares écrivains du XXe siècle, le seul à ma connaissance qui ait su trouver le langage de la Deuxième Guerre mondiale et après. Ce « point hors du monde », c'est la révélation que le monde – quel qu'il soit – est une horreur, une abomination, une abjection, et qu'il y règne, avant tous les conflits, la mort. Si l'avant-garde c'est une façon de croire galoper dans la dénégation de la mort, ce n'est pas la peine, ça ne fait pas du grand art. Le grand art, autrement dit la grande vérité, ça parle, ça se mesure à la mort. Evidemment, à chaque époque, dans chaque culture, de façon très différente. Mais c'est là qu'est l'enjeu.

Ch. A. : Vous avez évoqué Céline. Et justement, j'aimerais parler avec vous de Céline, mais aussi de Malraux, comme de deux pôles du XXe siècle. Malraux n'illustre-t-il pas une lacune de l'histoire ? L'intelligence humaine ne s'est-elle pas, dans son cas, montrée un moyen efficace de piéger l'histoire ? Contrairement à Céline qui a vécu, jusqu'au bout du délire, ses propres contradictions ?

Ph. S. : Malraux, c'est un personnage. Mais évidemment, entre être ministre et finir sa vie dans l'opprobre, comme Céline... Je crois que Malraux, c'est quelqu'un comme Sartre, comme Aragon, comme Camus, comme les vedettes qui occupent le devant de la scène d'une façon très visible à un moment donné. Ce sont des gens qui ont tous eu conscience de rater leur œuvre d'écrivains. Malraux a senti qu'il n'arrivait pas à écrire les romans qu'il aurait voulu écrire, et vous savez comment ça a fini : dans une théorie de l'art d'ailleurs fort intéressante, parce que justement elle défend un certain accès à la métaphysique. Mais il a senti qu'il ne pouvait pas réellement faire son œuvre à proprement parler littéraire. Il en est arrivé à des « mémoires », des choses comme ça... Sartre, c'est pareil. Sartre, au fond, avait une ambition de romancier. Et finalement *La Nausée,* vous verrez, avec le temps, ça ne fera pas tellement le poids en face du *Voyage au bout de la nuit.* Aragon, prolixe, léger, ne fait pas non plus une œuvre de romancier très importante pour le XXe siècle. Camus non plus. Je dirais que, quand on échoue en esthétique, dans une certaine expérience de profondeur esthétique, d'innovation esthétique, on a deux consolations : la politique ou la morale. Céline est intéressant parce qu'il a eu son délire politique – et comment ! Mais il est allé au bout de son délire, il a continué à écrire, et il a transformé ce délire en esthétique admirable. Ce sont les trois derniers grands romans de la fin, *D'un château l'autre, Nord,* et *Rigodon,* qui sont à mon avis des chefs-d'œuvre du roman mondial, à l'égal de Proust et plus loin à mon sens. Céline, à travers son délire, rompant complètement avec la vision politique à l'intérieur même du délire politique et allant plus loin, est un inventeur strictement métaphysique, c'est-à-dire un réaliste. Il a retrouvé exactement l'expérience fondamentale de Shakespeare, c'est-à-dire une rupture avec la communauté humaine qui finit, comme chez Artaud, sur une solitude pathétique.

Ch. A. : Je voudrais que nous parlions un peu de *Tel Quel* à présent. Après le passage par le maoïsme, quelles sont les perspectives pour *Tel Quel*?

Ph. S. : Je crois que *Tel Quel* commence maintenant. Il a fallu une petite expérience d'une vingtaine d'années. C'est très peu pour une entreprise fondamentale. Et ça devrait commencer maintenant. Alors, au cours de ces préparatifs – car on n'a encore rien vu avec *Tel Quel* – il y a eu des aventures diverses qui ont toutes été à la fois de récapitulations et de percées... Et il y a eu des réussites et des échecs, comme dans toute aventure préparatoire. Pour être schématique, je dirais qu'au nombre de ce que je peux considérer comme positif, c'est par exemple le fait que *Tel Quel*, chacun sent bien désormais en quoi ça n'est l'équivalent de rien de connu dans l'histoire de la littérature, dans le « mouvement des idées ». Ce n'est pas la NRF, c'est clair. Ce n'est pas le surréalisme, c'est clair. Ce n'est pas le nouveau roman, ce n'est pas *les Temps modernes*, c'est clair aussi. C'est autre chose. Ça ne peut pas être ramené à d'autres revues ou à d'autres mouvements existants. Ce qui signifie que l'ancrage même de l'expérience a fait apparaître avec obstination quelque chose de neuf. Ça s'est montré souvent sous la forme d'une récapitulation obstinée d'un certain nombre d'expériences jugées par nous fondamentales. Ces noms qui reviennent (et on nous reproche souvent de les faire revenir), ces noms propres : Kafka, Artaud, Bataille, Joyce, Pound, etc. représentent des expériences individuelles très singulières à l'intérieur desquelles nous allons prendre notre départ. Il ne s'agit pas seulement de science ni de communauté historique humaine. Mais il s'agit de revenir sans cesse sur des *exceptions*. Nous voulons éclairer l'histoire du côté de l'exception et pas du côté de la règle ou de la communauté. C'est le titre d'un livre que je ferai un jour en recueillant des études que j'ai faites depuis six ans et qui s'appellera *Théorie des exceptions*[1]. Je crois que tout le monde sent que *Tel Quel* s'est donc distingué avec obstination de tout le reste. Et puis il y a eu en effet l'épisode politique, *politiciste*, avec des aspects de délire que je ne renie nullement et que l'histoire de *Tel Quel* n'aura pas, je pense, à renier, même s'il importe que nous nous déplacions sans cesse pour justement ne pas figer l'expérience. Il y a eu l'aventure « maoïste » dont il faudrait longuement parler. Mais je dirai simplement qu'en faisant la part du style de l'époque, du style de l'engagement de l'époque, des outrances, du ton proclamatoire « révolutionnaire » de l'époque, souvent exagéré et fastidieux, on verra sans doute petit à petit que cette insistance explosive et rapide autour du maoïsme aura été la seule façon, à l'époque, de *forcer* la conscience sur un événement d'une importance considérable, à savoir l'apparition du continent asiatique dans la culture. Au-delà même du maoïsme de *Tel Quel*, la préoccupation fondamentale était de faire sentir que – pour reprendre une formule de Joseph Needham dans un numéro de *Tel Quel* de l'époque – la référence au chinois dans l'histoire humaine, à partir de maintenant, allait devenir d'une importance comparable à celle de la Grèce pour les penseurs de la Renaissance. C'est-à-dire qu'il allait se produire un basculement, non pas à travers le marxisme et le léninisme – idées typiquement occidentales –, mais avec la conscience que nous pourrions prendre, nous, Occidentaux, que les fondements de la philosophie, de la pensée occidentale étaient interpellés par la culture chinoise.

1. Philippe Sollers, *Théorie des exceptions*, Gallimard, Folio, 1986.

C'est très important, si vous pensez par exemple qu'au XXe siècle il y aura eu très peu d'écrivains, de penseurs, pour s'interroger sur l'importance de la Chine. Brecht un peu. Claudel, si méconnu. Pound, déjà beaucoup plus. Et puis c'est presque tout. Je parle du langage chinois en tant qu'il peut transformer le nôtre. C'est-à-dire de quelque chose qui ne vient pas de la Méditerranée et de ce qui a pu s'y passer métaphysiquement et comme histoire. Donc, pour *Tel Quel*, le maoïsme, si vous voulez, c'est la forme exacerbée de cette interpellation. On s'en apercevra avec le temps. Alors qu'on a cru que c'était un ralliement *sine qua non* au marxisme. Ce qui n'a jamais été le cas, parce que, si nous avions fait un ralliement *sine qua non* au marxisme, il aurait fallu que nous développions une théorie en complet désaccord avec ce que nous faisions par ailleurs. Il aurait fallu que nous développions une théorie de l'art, de la littérature, marxiste. Ce que nous n'avons jamais fait. Nous avons pris parti d'une façon *outrée* pour le maoïsme dans sa forme insurrectionnelle. Mais nous n'avons jamais appliqué une vision de l'art ou de la littérature marxifiée, si je peux dire. C'est-à-dire que nous avons revécu une vieille aventure à laquelle sans doute nous avons nous-mêmes mis fin, qui est l'aventure de toutes les avant-gardes occidentales au XXe siècle : la contradiction entre l'art et l'engagement politique. Je pense que nous avons mis fin à cette position de contradiction.

Ch. A. : Pour commencer autre chose ?

Ph. S. : Pour commencer autre chose. Et la tentative préparatoire, qui a duré quinze ou dix-huit ans, couvre je crois à peu près tous les problèmes qui ont pu se poser aux différentes tentatives occidentales du XXe siècle. Ça fait un tout. Et maintenant s'ouvre une autre période. En tout cas, ce qui n'a jamais varié, c'est le souci de maintenir rigoureusement indépendante l'expérience d'écriture, de littérature. L'expérience proprement dite. Au fur et à mesure que cette expérience s'approfondit, *Tel Quel* commence. Si je parle de mon propre cas, je dirai que je ne suis à peu près content de ce que j'écris comme expérience que depuis huit ans, pas avant. J'ai l'impression maintenant d'aller plus loin, toujours plus loin, dans cette expérience. Je pense que beaucoup de questions de personnes, de scissions, de conflits, de polémiques recouvrent en fait des confrontations entre chaque individu et son rapport à son travail d'écriture. Et vous verrez, je crois qu'il n'y aura pas lieu de regretter tous ces petits drames auxquels *Tel Quel* a donné lieu, dans la mesure où je serais très surpris que nous ayons méconnu ou combattu quelque chose de réellement important dans notre temps. Je serais extrêmement surpris que nous n'ayons pas la chance de continuer à poser des questions essentielles... Au contraire. Nous sommes moins académiques aujourd'hui que lorsque nous étions « maoïstes ». Nous sommes plus révolutionnaires aujourd'hui que lorsque nous étions « maoïstes ». Parce que nous avons justement abandonné cette division entre d'un côté des proclamations politiques et, de l'autre, la recherche d'une expérience qui s'y oppose.

Ch. A. : Ce qui est curieux, c'est que cela se soit produit juste après la mort de Mao. Cela aurait pu se passer avant, comme plus tard ?

Ph. S. : Sans doute, mais la question a été plus profondément celle de la révélation décisive sur le cœur même de la société soviétique. C'est-à-dire la lecture de Soljénitsyne en 1974-75. Ce n'est pas seulement la mort de Mao. N'oubliez pas nous sommes en Chine en 74. C'est aussi le fait d'avoir connu en Chine (le journal de Pleynet en témoigne) une relative désillusion, déjà. La révélation de Soljénitsyne a été déterminante. Comme pour ceux qu'on a appelés les « nouveaux philosophes », c'est ça qui a été essentiel. Car ce qui nous avait enthousiasmé romantiquement dans le maoïsme, c'était que nous avions l'impression qu'il faisait tout autre chose que l'Union soviétique, qu'il réinventait de fond en comble le marxisme qui avait, là-bas, si médiocrement échoué. Si cette expérience qui consiste à essayer de se libérer du modèle soviétique revient toujours à la même matrice bureaucratique et totalitaire, alors je crois qu'en effet quelque chose comme le marxisme meurt. Mao reste un personnage de légende, un personnage fabuleux sur lequel il y aura des choses à dire au cours de l'histoire, comme sur de Gaulle ou Lénine, ou Nasser. Donc ce n'est pas tellement la mort de Mao dont il s'agit, mais bel et bien de la mort du marxisme. Le marxisme mis à mort par lui-même, si je peux dire. Et là encore, je ne vous parle pas de Marx qui a aussi toute l'histoire devant lui, je parle de cette bizarre matrice religieuse qui se trouve là où on n'attendait pas de religion. La révélation, par la critique métaphysique de Soljénitsyne, que la religion se reproduisait par le biais qu'on n'attendait pas, a été une expérience décisive. Alors maintenant, l'histoire de *Tel Quel* va se confondre, je crois, de plus en plus, avec la défense systématique que la littérature est subversive en tant que telle. Non pas comme un art pour l'art, mais que justement c'est *depuis* la littérature que la vérité peut se dire sur le réel, qu'il soit politique, économique, sexuel. Vérité qui concerne l'espèce dans ses moindres détails.

Ch. A. : Tout à l'heure, on a parlé de l'Occident en général. Je voudrais que nous parlions d'une façon plus précise des Etats-Unis. Que représentent-ils pour vous ?

Ph. S. : Les Etats-Unis c'est assez simple à définir d'un mot. C'est, du fait de l'évolution historique, le cerveau encore actuel de la planète. On peut être pour, on peut être contre, on peut souhaiter que ce cerveau soit différent, on peut souhaiter beaucoup de choses. Par cerveau de la planète, je veux dire que New York est la capitale de l'empire planétaire. Le reste, ce sont des provinces.

Ch. A. : Y compris Moscou ?

Ph. S. : Bien entendu. Moscou est la plus grande province de l'empire. Je crois que c'est très utile de comprendre les choses comme ça. Il faut les comprendre *de l'intérieur même* de la puissance technique de la civilisation dans laquelle nous entrons. Il ne faut pas seulement réfléchir en termes d'idéologie ou en termes de rapports de forces militaires. Il faut raisonner en termes de capacités d'informations, de capacités techniques. L'électronique est américaine. La France ne fabrique pas des microprocesseurs d'ordinateur. Elle est obligée de les commander à

IBM. Je dis que pour un écrivain aujourd'hui, la chose à observer, le réel insistant, c'est l'ordinateur. S'il veut être de son temps, et ne pas pousser simplement quelques gémissements subjectifs, vite emportés par le temps. Je dis New York, je ne dis pas l'Amérique. L'Amérique, je ne suis pas sûr que ce soit intéressant. Je suis sûr que New York en tant que sédimentation pour la planète (mélange de langues, mélange de races, ordinateur central de la planète), c'est un phénomène extraordinaire, pour un artiste ou un écrivain. Je crois qu'aucun peintre, aucun cinéaste, aucun écrivain ne peut se passer de l'observation crue de ce cerveau, de cet appareil. On n'imagine pas un artiste qui ne connaîtrait pas New York. Cela n'est plus pensable aujourd'hui, s'il veut vraiment être novateur. Encore une fois, c'est comme un peintre au XVIe siècle, qui n'aurait rien connu de la peinture italienne. Il faut absolument connaître la *technique*, être un professionnel. Parce qu'il y a aussi ce problème : il faut être un professionnel de son art. Je ne le dis pas en termes technocratiques. Je le dis au sens où cela suppose une discipline très profonde, physique. Cela dit, nous avons cet avantage sur les Américains d'avoir à traiter une « mémoire » beaucoup plus vaste, 2 000 ans, ou plus.

Ch. A. : Mais cette technique, est-ce que ce n'est pas en fin de compte, dans son essence même, l'argent ?

Ph. S. : Eh bien justement, l'argent c'est la forme la plus nue que prend la vérité lorsqu'elle se montre. Je pense que l'argent dit la vérité, je suis comme Freud.

Ch. A. : Et l'homme?

Ph. S. : L'homme, s'il ignore la vérité de l'argent, en reste au rêve. Il est exploité par la vérité qu'est l'argent. Pour que l'homme *soit*, pour qu'il ne soit pas un rêve d'homme, il faut qu'il comprenne qu'il est une valeur métaphysique (je ne dis pas religieuse). Partout où il met de la valeur autre que métaphysique, il est nié par l'argent.

Ch. A. : Oui, mais là, c'est le problème de départ. Si on commence par l'argent, bien entendu, l'homme doit le reconnaître en premier. Mais si on commence par l'homme, l'argent doit reconnaître l'homme...

Ph. S. : A mon avis, si on commence par l'homme et si on veut s'en tenir à l'homme, l'argent aura toujours raison et plus vite. Toujours, et les revendications pour l'homme et contre l'argent auront tort. L'argent, ce n'est pas un simulacre qu'on peut faire disparaître comme ça, qu'on peut même maîtriser comme ça. Je dirais qu'à la limite, c'est comme les mathématiques, comme le nombre, c'est comme le quantitatif lui-même, n'est-ce pas. Ce n'est pas seulement parce que les gens sont méchants qu'il y a de l'argent. Ce n'est pas parce qu'il y a des gens qui veulent exploiter d'autres gens, ce n'est pas seulement ça. Il y a là une fonction qui me fait penser que la seule façon d'y voir clair dans cette affaire d'argent, aujourd'hui, c'est soit une aventure carrément mystique, soit une aventure qui serait authentiquement analytique, au sens freudien. Qu'est-ce qu'a découvert Freud? Qu'est-ce qu'il a découvert aussi par rapport à l'argent ? Il n'a pas seulement découvert que les gens étaient habités par la pulsion de mort, qu'ils continuaient à rêver leur sexe, etc. Il a fait une découverte sur la merde, sur le déchet, sur l'équivalence inconsciente qu'il y a entre l'argent et la merde. Voir la merde en face, c'est-à-dire sentir de quel déchet nous sommes habités, c'est avoir une chance de voir aussi l'argent à sa juste place. Seulement c'est très difficile pour un être humain de se voir comme déchet. Il se sent au-dessus, plus noble, toujours plus noble qu'il ne l'est réellement. C'est pour ça que la vérité est très difficile à atteindre dans une conscience humaine. Qu'est-ce que Freud a découvert ? Il a trouvé que si les gens voulaient aller dans la vérité de leurs discours, pas dans une vérité abstraite, dans la vérité vraie, il fallait qu'ils disent ce qui leur passait par la tête, qu'ils racontent leurs rêves, mais aussi qu'ils payent, pour le dire. C'est le fameux contrat analytique. Qu'est-ce qu'un contrat analytique ? Ça se passe entre un analyste et un patient. La seule règle c'est de payer.

Ch. A. : Dans les pays socialistes, on ne paie pas...

Ph. S. : Mais il n'y a pas de psychanalyse dans les pays socialistes ! Justement c'est là le problème... La preuve c'est le récent épisode comique qui s'est passé à Tbilissi, où un certain nombre de psychanalystes se croyant très malins ont essayé d'aller parler avec des psychiatres soviétiques. La société socialiste est entièrement psychiatrique au sens mécanique du mot ; c'est-à-dire de Pavlov à la psychiatrie moderne, c'est-à-dire la chimiothérapie. La psychanalyse n'a rien à voir avec la psychiatrie. A la limite, même, ça n'a rien à voir avec la médecine. C'est une petite chose tout à fait extraordinaire découverte par Freud, qui consiste précisément en un contrat entre ce qui est dit et l'argent qu'on verse pour apprendre la vérité de ce qu'on dit. Autrement dit, ça signifie simplement que les gens ne savent pas ce qu'ils disent parce qu'ils croient que parler est gratuit. C'est pour ça que Freud a parlé d'invention copernicienne, ça va très loin. Au fond, il se prenait pour rien de moins que Galilée. Tout ça n'a que soixante-dix ans d'âge, donc c'est très peu pour en voir les conséquences. C'est pour ça que je vous parle d'une mutation considérable dans l'ordre de l'art même, de la représentation de l'homme. C'est ça la révolution aujourd'hui. Moi je suis exactement comme un écrivain du temps de Galilée qui prendrait parti pour Galilée. L'astronomie n'est pas à fonder. Ce que nous avons à fonder est de l'ordre du traitement du sujet du langage, et ça c'est Freud qui l'a découvert. Comme s'il avait inventé le télescope. Eh bien, ça va produire évidemment des effets considérables, des effets qui ne sont pas liés seulement à la technique, bien que la technique soit destinée à apporter des correctifs à cette découverte. Tout ça pour vous dire que l'argent, à la limite, il ne faut pas s'en faire une montagne. Il ne faut pas s'en faire un Veau d'Or non plus. L'argent, ce n'est ni bien ni mal. C'est ça, la découverte aussi. Ce n'est ni le bien absolu, ni le mal absolu. Nous sortons de la religion de l'argent, si nous adoptons ce point de vue et seulement si nous l'adoptons. Car si nous faisons de l'argent un mal, nous fondons une religion pour lutter contre ce mal. C'est notamment le marxisme. Et à ce moment-là, on rentre dans l'ordre de la démolonogie.

Vous savez aussi bien que moi que Amérique, Argent, Veau d'Or, ça veut toujours dire en fait *Juif*. L'équation est plus ou moins consciente. Mais elle est là, dans la tête des gens, ça les préoccupe. Donc ça revient presque toujours à une forme d'antisémitisme... dont le fondement est que le dieu biblique *parle*, c'est ça le problème.

Ch. A. : Et pourquoi pas l'Arabe aujourd'hui, avec le pétrole ?

Ph. S. : Ça peut arriver à l'Arabe, si l'Arabe se développe dans ce sens, bien entendu. Je pense que ça n'est pas encore en train d'arriver, parce que l'Arabe n'est pas encore conçu comme quelqu'un qui *détient les opérations sur* l'argent. C'est moins l'argent lui-même qui compte, que la maîtrise *d'écriture* de l'argent. C'est-à-dire au Moyen Age, l'usure, et, depuis, la banque. Qu'est-ce que c'est que la banque ? C'est de l'écriture. L'argent, vous ne le voyez jamais. C'est des mathématiques, c'est-à-dire qu'il faut que je sache à quel moment je vire une somme, etc., et évidemment ça suppose le maximum d'informations... Vous disiez, est-ce que ça ne va pas arriver aux Arabes? Peut-être, à partir du moment où on aurait l'impression que l'opération sur l'argent est détenue par tel ou tel groupe ethnique, social, etc. Alors il y aurait une fantasmatique énorme qui se mettrait en route. Vous avez, à travers l'histoire de l'Occident, l'histoire de l'antisémitisme. Ça m'étonnerait que ça change, mais enfin... A travers les siècles, si vous êtes historien, vous pouvez suivre les crises sociales périodiques autour de cet enjeu : la maîtrise du calcul sur l'argent. Ce n'est pas celui qui a de l'argent qui est en cause, c'est celui qui le symbolise, qui, en quelque sorte, *l'écrit*. Et ça, c'est très important parce que, en effet, entre ce peuple du Livre, l'argent et l'interprétation, il y a un nœud qui fait qu'en effet Freud n'est pas juif par hasard, certainement pas. Ni Marx, sûrement pas. C'est pour ça que si vous fondez une religion sur Marx ou même sur Freud – on pourrait faire une religion avec Freud aussi, ce serait une autre plaisanterie admirable –, vous risquez d'avoir des ennuis. Parce qu'en principe ce n'est pas fait pour faire une religion.

Ch. A. : Ça nous mène à étudier un peu le contentieux du Moyen-Orient entre, finalement, Arabes et juifs, ces deux pôles. Cette puissance arabe d'argent qui est en train de s'établir...

Ph. S. : Eh bien je vais vous dire ce qui risque de se produire. C'est, en effet, une mutation de l'histoire, qui restera pourtant une histoire occidentale. C'est que de même qu'il s'est passé un règlement de comptes assez extraordinaire pendant deux mille ans entre chrétiens et juifs (et les chrétiens, ils ont eu de l'argent aussi, ils ont fait de l'argent, beaucoup d'argent, de même donc qu'il s'est passé là un règlement de comptes, que je crois en cours d'extinction), de même il risque de s'en passer un – la scène est même plantée pour ça – entre Arabes et juifs. Alors, vous avez plusieurs interprétations : vous avez l'interprétation purement économique, politique, on rentre dans une autre phase historique; et puis vous pouvez avoir une interprétation mystique si vous voulez, entre Ismaël et Isaac. C'est une vieille histoire, mais qui prend tout à coup un relief très particulier. De même que vous avez eu un antisémitisme chrétien, qui a été quand même très conséquent, de même vous pouvez avoir une *passion* particulière qui sera quoi ? Economique ? Apparemment. Métaphysique ? Sûrement, parce que : qui est le fils légitime ? On retombe dans cette affaire sur quelque chose d'écrit. Et là, si je suis romancier, je vais me préoccuper de savoir comment fonctionne cette opposition de façon économique, historique, et je vais aussi me préoccuper de ce qui fonctionne entre Ismaël et Isaac, c'est-à-dire que je vais m'occuper des relations du Coran et de la Bible. C'est pour ça que j'ai parlé d'une position catholique (catholique, ça veut seulement dire universel, n'est-ce pas ?). La position catholique est très curieuse en ce moment, parce qu'elle est en quelque sorte appelée de plus en plus à un rôle de « milieu ». Ils n'ont pas été « au centre », jusqu'ici, les catholiques, ils ont été pleinement dans le jeu et ça a fait des histoires et des histoires, et des massacres. Là, maintenant, les voilà en position de distanciation. Regardez ce qui se passe : vous avez ce pape, justement, qui m'intéresse beaucoup. Eh bien, au fond, il peut être en mouvement entre tout le monde et tout le monde aujourd'hui. C'est-à-dire, il peut être pour les droits de l'homme au San Salvador, où on a assassiné un archevêque ; il peut être pour les droits de l'homme en Pologne, c'est-à-dire dans un régime diamétralement opposé. Et puis, un jour, il peut être pour les droits de l'homme quelque part entre Jérusalem, Le Caire, et puis chez vous, et puis les autres coins de la région... Les « lieux saints », enfin, ils sont toujours là, en train d'être disputés... Et il semble bien que la planète tourne toujours autour de cette question. Il y a là un phénomène dont je voudrais quand même qu'on marque ensemble la bizarrerie. Alors, de même qu'il y a eu un très violent affrontement entre juifs et chrétiens, et puis entre le monde chrétien et le monde arabe, de même maintenant les chrétiens sont en position de dégagement. Le rôle en retrait peut être un rôle extrêmement important dans une partie... Surtout s'il s'agit de la raconter.

Ch. A. : Au point de vue géographique, les chrétiens forment un pont. C'est l'Europe entre l'Orient et l'Amérique...

Ph. S. : C'est très nouveau, ça. C'est très nouveau comme position. Car regardez ce que faisaient les empereurs chrétiens. Il fallait qu'ils repoussent les Arabes, et puis qu'ils contrôlent l'argent, justement, la banque. Eh bien voilà les chrétiens avec une tout autre fonction. C'est pour ça qu'il va y avoir, je crois, une explosion historique sans précédent, absolument impensable non seulement pour les gens qui nous ont précédés, mais aussi impensable encore il y a dix ans pour les penseurs les plus aigus de l'époque. Je crois qu'on est à la veille d'une explosion extraordinaire. C'est pour ça que je vous dis que *Tel Quel* commence, parce que ça va être passionnant, si on ne meurt pas, évidemment. Enfin, ça va être très intéressant. Et je dirais qu'on peut dater cette nouvelle ère d'il y a à peine deux ou trois ans. C'est en train de nous arriver maintenant. J'étais à New York quand il y avait l'explosion en Iran et l'élection du pape. Eh bien, je peux vous dire que j'ai vu, dans une sorte de vision, comme ça, quelque chose se passer. Quelque chose d'énorme. Je crois que l'histoire dans laquelle nous entrons, avec toutes ses dimensions plus complexes les unes que les autres, est vraiment un énorme tournant. Songez que, dans vingt ans, ça va être l'an 2000, et que nous sommes justement dans les années 80, c'est la fin de notre siècle, et en même temps le XIXe siècle vient de s'achever ces jours-ci. Il aura mis quatre-vingts ans de convulsions avant de s'achever. Donc, il y a un XXe siècle très curieux qui est à peine en train de naître... Déjà on parle du XXIe siècle. Mais je crois que c'est à peine maintenant qu'on se pose des questions sur l'histoire du XXe siècle. Qu'est-ce que c'est que les fascismes, le nazisme ? Qu'est-ce que c'est que le stalinisme ? C'est à peine maintenant qu'on se le demande. Comme s'il s'agissait d'aberrations archaïques. Regardez même, au niveau le plus superficiel, le souci tout à coup de se poser des questions sur la biographie des hommes politiques... Toujours la même période. Nous sommes en France : qu'est-ce qui s'est passé en 1940, 42 ? Ce sont des années très troubles dont on n'a pas encore vraiment fait l'histoire, n'est-ce pas ? Donc l'histoire se fait maintenant ? Alors, recommençons avec l'histoire.

Mars 1980

IX

LE TRI

. . . .

Freud dit que l'inconscient ignore le temps. Le point, à mon avis, radical de la découverte freudienne, par où il devrait être impossible de manipuler cette découverte en termes socio-historiques, bien que tout le monde s'y emploie à chaque instant, c'est de buter sur la répétition. Bien entendu, si on pose la question du temps, de cette soi-disant existence du temps entraînant un développement quelconque, on va être amené à se poser immédiatement ce problème de la répétition. *La* question, c'est en effet la répétition. Je me répète.

Je disais donc que la question se posait de savoir si nous avions un concept d'histoire dans lequel la découverte freudienne est pensable. Est-ce que la découverte freudienne intervient à un moment d'un processus historique donné ? Si on adopte un point de vue marxiste, il est clair que l'on a donné de cette découverte freudienne l'interprétation qu'elle intervient à un moment de l'histoire et de son développement conçu en termes évolutionnistes ou marxistes.

C'est la thèse de la découverte du « continent histoire » et, par la suite, du « continent inconscient » qui s'intégrera dans la découverte du continent histoire. L'inconscient, à ce moment-là, est une découverte d'ordre scientifique qui s'inscrit dans l'extension de notre connaissance de l''histoire. Mais on peut contester cette assimilation de la découverte freudienne à un concept d'histoire déjà construit. J'ai précisé que la meilleure façon de se représenter l'efficacité de l'ébranlement de Freud par rapport à la catégorie du temps, ce n'est pas seulement le rêve, mais la *Psychopathologie de la vie quotidienne.* La promotion par Freud de ce terme de vie quotidienne, lapsus, actes manqués, donc réussis, oublis, cette espèce de trouage constant de la vie mentale du sujet, par quelque chose qui insiste, qui se répète, qui dérape, aurait pour « catégorie de temps » la vie quotidienne. Avant Freud, je ne pense pas qu'aucune *pensée* ait mis en avant l'importance de la vie quotidienne. Quotidienne, ça veut dire au jour le jour, que quand on se couche une nuit, ce qui va se rêver sera fait avec le matériel diurne de la veille, lui-même se construisant sur un fond d'ignorance du temps, ramenant, par là même, des pans entiers de la vie psychique de l'individu pris à son enfance, à sa petite enfance, voire même à ce qui lui échappe comme localisation éventuelle de ce qui a pu se vivre traumatiquement dans le temps, c'est-à-dire quelque chose qui peut se situer aux alentours de cette soi-disant scène primitive qui serait comme le bord de sa première projection dans une représentation temporelle. Ce qui n'a strictement rien à voir avec ce que la philosophie a construit sous la catégorie de mémoire. Disons que ce qui se passe au niveau très bien repéré par Freud du rêve ou du lapsus, c'est précisément ce qui, de la mémoire, se présente comme défaillance, coupure ou montage non voulu; se présentant donc au sujet comme incompréhensible. L'activité dite de mémoire, en principe, ne déborde pas les capacités du sujet qui en est le lieu. Dans le rêve, le lapsus, l'acte manqué, le mot d'esprit lui-même, au moment où il se produit, c'est bel et bien quelque chose comme une variable, qui échappe au sujet, quelque chose qui se serait mémorisé sans qu'il ait rien à y voir. La vie quotidienne, c'est quelque chose dont personne ne s'occupe, pour la bonne raison que si on s'en occupe à fond, au jour le jour, on y perçoit probablement, à vif, l'intolérable lui-même, c'est-à-dire l'intolérable de la répétition. De ce point de vue, quand dans les Evangiles le Christ, en pure perte bien entendu, dit aux gens qui sont censés l'écouter qu'ils n'ont pas à se préoccuper de savoir comment ils s'habilleront demain ou ce qu'ils mangeront demain, qu'ils n'ont qu'à vivre comme le lys des champs et les oiseaux du ciel, c'est une proposition qui va dans le sens de ce qui devrait être notre souci. J'insiste sur le fait que la catégorie de la vie quotidienne s'est imposée à la pensée de Freud et que toute sa technique consiste à construire un îlot technique de parole où cette catégorie du temps comme Répétition, ne se dévoilant que dans des détails et des ratés de la vie quotidienne, va pouvoir produire des effets. Nous passons sans cesse notre temps à ne pas nous apercevoir qu'un jour rentre dans un autre jour. Parce que nous croyons que ces jours s'enchaînent et vont quelque part. Autrement dit, nous ne voulons pas savoir que c'est en train de mourir et de parler du fait que ça n'a pas arrêté de mourir, c'est pour ça que l'inconscient, d'autre part, ne peut pas nous donner la moindre représentation de la mort. On pourrait aussi bien dire qu'il est la mort elle-même dans son ignorance du temps. Mais alors, cela n'a rien à voir avec ce que nous pensons de la mort pour éviter de penser. La mythologie à laquelle on pourrait avoir recours pour penser cette émergence de l'inconscient, elle pourrait être prise beaucoup plus dans des théories du temps cyclique que dans celles d'un temps linéaire évolutif. On peut citer le travail de Vico qui a été le premier à proposer une conception de l'histoire dans le langage, c'est-à-dire pas du tout le langage comme variant, évoluant au cours d'un temps linéaire qui serait lui-même massivement pris comme une histoire, mais l'histoire elle-même comme comprise dans un cycle de langage. C'est ce qu'il appelle le procès des sociétés elles-mêmes qui passeraient de ce qu'il appelle la langue des dieux à la langue des héros et enfin à la langue des hommes. Le premier langage serait hiéroglyphique et mental, le deuxième serait de nature poétique, le dernier serait enfin épistolaire ou littéral, et après ça, il y aurait comme un recommencement de cycle. Il est parfaitement admissible de présenter Freud, à ce moment-là, comme se situant à la charnière d'un recommencement de cycle, et je ne vois pas très bien ce qui pourrait contredire le fait qu'après tout, c'est dans le sujet lui-même que se produit cette redécouverte d'une stratification du langage qui n'était pas du tout prévue par le discours social de l'époque. Autrement dit, brusquement, Freud se met à déchiffrer des hiéroglyphes et à redéchiffrer en même temps des processus de condensation, de déplacement, métaphore ou métonymie, qui sont à la source du langage poétique.

Par conséquent, la matrice pensée par Vico et à laquelle Joyce, comme écrivain, ce n'est sans doute pas un hasard, attachait la plus grande importance (mythique, pas scientifique), est une matrice qui représente le temps sous une forme de cyclaison. On pourrait très bien adopter plutôt cette conception-là du temps pour comprendre Freud. Ça me paraît en tout cas moins faux que de penser Freud à travers une extension de domaines scientifiques, cette extension étant prise d'une façon successive.

La question qui m'intéresse est de savoir pourquoi un écrivain dérègle le régime de l'inconscient ; et ce qui me paraît pouvoir être dit là, c'est que ce dérèglement intervient par un retournement de la Lettre, Lettre qui, dans son instance, ne serait déposée que pour attendre d'être tournée ou retournée. Je dirai qu'il y a un obstacle qui est la volonté collective qu'il existe un inconscient collectif. Nous voilà ramenés au problème de la religion. Il y a une volonté collective qu'il existe un inconscient collectif. C'est la même chose que de concevoir le nom comme une Lettre mise à plat. Cette volonté collective qu'il existe un inconscient collectif va immédiatement produire une compulsion à mettre le signe entre des noms et à les penser dans un espace homogène. Le sujet, en tant qu'il appartient à cette volonté collective qu'il existe un inconscient collectif, a un problème monumental avec le fait qu'un nom soit un nœud et ne puisse pas être mis à plat. Il est au pied de son nom, au pied de sa Lettre. Il est là comme un chien au bout de sa chaîne. Cette valorisation de la Lettre va dans le sens de la forclusion du nom du père. Le lien social, c'est que sa volonté ne soit pas faite, au père. Parce que si sa volonté était faite et son règne arrivé, il n'y aurait tout simplement plus de monde. Il s'agit donc d'un meurtre maintenu dans le langage pris comme corps. Mais, précisément, l'expérience des limites de l'écriture est ce qui met fin à l'illusion qu'il y a un monde. Je m'appuie de même sur ce fait que, dans sa conception de ce qu'il en est de « la passe », Lacan, en se référant à Héraclite, précise qu'il s'y agirait de quelque chose comme un éclair qui mettrait fin à l'illusion d'un univers. Je dis que, dans cette expérience de l'écriture qui met fin à l'illusion d'un monde, le réel se trouve mis en ballottage. Certes, la Lettre est somnambulique et opère d'elle-même, mais sans sujet pour s'en faire la veille. L'écrit a beaucoup à faire avec le rêve, mais n'est nullement un rêve. Or ce qu'on entend comme écrit n'est en général que la face sourde d'une inhibition parlante. La fétichisation de la lettre intéresse l'art, permet la stabilité inquiète d'une impossibilité d'énonciation, c'est-à-dire une circulation endormie fixant la voix dans l'ordre d'un écho ou d'une économie d'aphasie.

La Lettre maintient l'instance de l'inconscient. Ou plutôt, tant qu'on en reste à la Lettre, l'inconscient ne peut rester qu'en instance. « Tant que », dans le sens : tant qu'il y aura des hommes. Aucune raison que ça finisse, en effet, alors que le sans-reste serait le reste traité comme tel. C'est ce que la littérature essaie de faire.

Je dis qu'il faut faire dans cela un *tri*, qui est la mise en place roulante, sélective des positions d'énonciations possibles, ce qui implique un passage du sujet à sa trinité. J'écris, donc je ne suis pas. J'écris, donc je suis l'Autre. J'écris, donc je dis que je ne suis pas et que je suis l'Autre. A partir de là, la stratégie d'écriture convoque *l'autreur* ou l'altérateur, et ses éventualités, ses correspondants, sur une scène qui se trouve déjà posthume. Inquiétante étrangeté au sein de la Lettre en famille et mise en question de la circulation du pouvoir comme tel et de sa matrice. La stratégie d'un écrivain ou d'un artiste est de provoquer des apparentements imaginaires sur la scène où il fait jouer son acte, c'est-à-dire de convoquer les vivants sur une scène où il se trouve lui-même déjà posthume. Ce qui produit cet effet, que j'appelle inquiétante étrangeté, au niveau de la Lettre de famille. C'est pourquoi je disais qu'il me paraît plus intéressant de prendre les effets en question du côté des filiations, des généalogies que ça produit, plutôt que de les prendre dans une soi-disant temporalité de l'histoire d'art ou du développement de l'art. La référence psychanalytique à *La Lettre volée* d'Edgar Poe a *aussi* pour fonction d'évacuer, au détour d'une mise en équation abstraite, l'écriture de celui qui s'en est fait le traducteur : Baudelaire. C'est un exemple de conjuration du nom. Peut-être parce qu'il toucherait de trop près la mère française ?

Il faut rappeler ce que Mallarmé (autre traducteur de Poe) dit de l'écrit dans « Le Mystère dans les lettres ». A savoir que l'écrit *emprunte* le langage pour un objet autre. Que la surface, dit-il, est concédée à la rétine. Un miroitement s'y fait en dessous, qui inquiète. Il ne s'agit donc pas d'un miroir mais d'un reflet venant d'ailleurs. Troisièmement, un signifiant, dit-il, fermé et caché, habite le commun et projette sur la moindre trace, jetée en réalité, ses ténèbres. C'est ce que j'appelais tout à l'heure la volonté collective qu'il existe un inconscient collectif (alors qu'il n'existe aucun inconscient collectif) : l'histoire de l'inconscient ne peut pas être autre chose que cette impossibilité pour l'histoire de faire histoire avec l'inconscient, sauf à remettre sans cesse l'inconscient dans une position d'imaginaire collectif... Mallarmé dit cela, à mon avis, d'une façon très nette, à savoir qu'un « signifiant fermé et caché habite le commun », et c'est ce qui va déclencher cette surveillance extraordinaire de la moindre trace écrite avec le souci, à la première incartade, d'y projeter violemment l'incompréhensibilité ou l'illisibilité. Cette façon de dire qu'on ne comprend pas, dit Mallarmé, se dit comme d'un coup d'éventail de jupe. Ce qui me paraît se passer de commentaire. Or, dit-il encore, il s'est tout simplement passé une *élection* de l'instinct de rythme. Par la suite, ce sont les propositions bien connues sur ce que Mallarmé appelle « l'ébat de la langue », où, dit-il, les mots, « indépendamment de la suite ordinaire, sont projetés en parois de grotte ». Il y a donc un phénomène de projection qui se double par l'air, ou chant, sous le texte, « conduisant la divination d'ici là », c'est-à-dire non plus une projection, mais une subjection; et vous voyez que dans cette affaire, ce qui apparaît comme Lettre, comme langage, se situe entre deux espaces qui ne sont qu'apparemment optique ou phonique. Au lieu d'être à plat sur une surface, le langage est comme en suspension entre l'œil et la voix. C'est là qu'il se déroule, *indépendamment de la suite ordinaire* – je n'ai pas besoin de dire à quel point ça met en question précisément le temps d'hier. Pas de surprise dans le fait que Mallarmé se soit posé le problème d'un livre procédant par cycles, avec des séances qui, elles-mêmes, se répéteraient dans un temps qui met violemment en question la maîtrise temporelle d'une évolution linéaire. Il est à remarquer que dans sa conférence qui s'appelle « La musique et les Lettres », en 1894, à Cambridge, Mallarmé insiste sur trois choses à mon avis importantes : il médite sur le fait que c'est au bout de cinquante ans que les œuvres tombent, comme on sait, dans le domaine public, cinquante ans après la mort de l'auteur, comme si pendant cinquante ans on avait peur, c'est moi qui le dis, qu'il revive. Il y a donc dans cette juridiction une indication du fait que la transmission d'une trace écrite, avant de toucher, paraît-il, l'ensemble des vivants, doit passer par une période de cinquante ans pendant laquelle elle reste dans un purgatoire familial. D'autre part, Mallarmé va plus loin, parce que la conception qu'il évoque lui paraît politiquement très supérieure – cela est dit en 1894 – à la conception électorale en même temps qu'à celle de l'émeute. Il a cette audace de présenter sa conception du temps, et même de la communauté humaine, comme mettant en question la représentation électorale ou le passage à l'acte de la violence. Ça peut passer pour aussi fou que Joyce disant au moment de la déclaration de la Seconde Guerre mondiale : on ferait mieux de lire *Finnegans Wake* que de faire cette guerre. Je pense au contraire que cette proposition est extrêmement sérieuse. Ce n'est nullement une boutade. Enfin Mallarmé pense, en allant à Cambridge, en train, aux sacs postaux qui sont, dit-il, pleins de chefs-d'œuvre inédits, la correspondance de chaque nuit emportée par des sacs de poste. Comme Mallarmé est encore dans un temps où on attend quelque chose des femmes, il éprouve le besoin d'en appeler aux femmes qui sont, dit-il, les principales détentrices de cette circulation de lettres, et donc il leur fait une déclaration de séduction, en parlant de chefs-d'œuvre inédits. Comme on sait, nous n'avons plus, aujourd'hui, à nous poser cette question, heureusement; ce qui ne veut pas dire que la surveillance qui s'exerce sur la circulation de l'écrit et de tout ce qui peut se tracer ne soit pas, comme toujours, le domaine réservé des femmes, et je dirai que tout ce qu'un homme peut en attendre, des femmes, éventuellement, ou de certaines – ça n'est pas bien exaltant mais ça ne peut guère aller plus loin –, c'est d'être, dans la manipulation qu'il peut faire du langage, pris par elles, simultanément, tant qu'il est vivant, comme un dieu et un petit garçon, mais certainement pas comme un homme. Il est absolument exclu qu'un homme puisse se faire reconnaître comme homme par l'autre sexe au lieu de l'écrit. Mais, en revanche, il aura droit, ledit homme, à sa propulsion dans le rôle décorporisé d'un dieu et en même temps, bizarrement et simultanément, dans le rôle d'un petit garçon. C'est tout ce qu'on peut attendre sur cette planète de la reconnaissance de son corps par la demoiselle des postes (appelons-la aujourd'hui l'électronique). Il est à remarquer, d'autre part, que Mallarmé, dans un texte qui s'appelle « Catholicisme », se pose la question suivante : que « rien, en dépit de l'insipide tendance, ne se montrera exclusivement laïc, parce que ce mot n'élit pas précisément de sens ». J'insiste sur le fait que Mallarmé emploie le mot d'élection en connexion avec le mot laïc et qu'il remarque que ce mot de laïc ne fait pas *élection* au niveau du sens. Il y a des élections, mais ce n'est pas du sens qui est élu dans cette laïcisation de la Lettre qui nous ramène, bien entendu, au problème du signifiant religieux, car si la

Lettre est intégralement laïcisée, on pert du même coup ce qui rythmiquement s'élirait de sens.

Il faut remarquer, puisque je parle du signifiant religieux, que nous sommes dans la culture qui ne veut pas savoir qu'elle s'est construite sur les Evangiles et que les Evangiles, ce sont avant tout des conflits d'écriture. Ce sont des récits où les discours tenus sont des affrontements de citations de l'Ecriture (hébraïque). Il est écrit ceci, disent les uns; oui, mais il est écrit cela, disent les autres. Et ça peut durer des siècles, on y est toujours. D'autre part, les Evangiles, ça se présente comme un *accomplissement* de l'Ecriture, autrement dit comme une loi au-delà de la loi qui résonnerait soudain malgré la pétrification de la Lettre. La subversion dont il est question dans les Evangiles, c'est celle du sens commun pour lequel les écrits restent alors que les paroles s'envolent. C'est exactement le contraire qui est affirmé par les Evangiles : à savoir que les paroles, mes paroles, ne passeront pas, alors que le ciel, la terre, et bien entendu les écrits passeront. C'est de *rester* que l'écrit nous transforme en reste de reste. Nous sommes des restes de reste d'écrit qui n'arrivent pas à se parler; ce qui, sans doute, nous fait croire au temps.

Je finis rapidement sur *La Lettre volée* d'Edgar Poe, puisque ce texte est devenu, logiquement, une référence cardinale pour la psychanalyse.

Il est à remarquer que ce texte de Poe est *un* des textes de Poe, donc à prendre dans l'ensemble des textes d'Edgar Poe. Ce que je voudrais relever, c'est que Poe appuie le raisonnement de son récit où il va s'agir, dit-il, d'une lettre retournée comme un gant, sur une théorie des jeux. Ce qui n'a pas échappé à

Lacan dans son commentaire de *La lettre volée,* puisque c'est le jeu de pair et d'impair qui est interpellé par Poe dans *La lettre volée.* Cela dit, dans *Le double crime dans la rue Morgue* – je note au passage que, comme *La lettre volée,* ça se passe à Paris – il s'agit d'un écrivain américain dont le héros est français et le récit se passe en France – je mets ça en connexion avec ce que j'ai dit sur le fait que la traduction de Baudelaire fait question dans cette affaire... La scène se passe à Paris... Dans *Le double crime dans la rue Morgue,* Poe fait l'apologie du jeu de dames contre le jeu d'échecs. Il dit que, dans le jeu d'échecs, les pièces sont douées de mouvements divers représentant des valeurs diverses et variées et qu'on prend ça pour de la profondeur, alors que ce n'est que de la complexité. Par conséquent, le jeu d'échecs se joue avant tout sur une forte attention, avec des mouvements variés mais inégaux en puissance. En revanche, dans le jeu de dames – et, bien entendu, il faut comprendre que Poe est en train de nous donner une métaphorisation de l'écriture –, le mouvement est « simple dans son espèce » – c'est la traduction de Baudelaire. Poe, lui, écrit qu'il est *unique,* et qu'il y a peu de variations. Ainsi les probabilités d'inadvertance sont moindres, et il propose d'imaginer deux joueurs munis chacun de quatre dames et là, la question n'est plus celle de l'attention portée au jeu, mais l'unique moyen pour l'un des deux joueurs de gagner, ce sera d'entrer suffisamment dans la stratégie de l'autre joueur, donc de procéder à une identification qui dépasse la conscience qu'a l'autre joueur de sa propre identité, pour gagner. C'est dans ces jeux-là, dit Poe, qui est en train de parler de son écriture, dans le jeu de dames, le whist – ou le jeu de pair et d'impair de *La lettre volée* – qu'on peut dire vraiment que « l'esprit lutte avec l'esprit ».

Ça nous intéresse, parce que ce qui est décrit par Poe, c'est une réduction du mouvement à l'unicité. C'est donc le traitement de la répétition, et la question est donc de passer à un transfert tel que l'un des joueurs, incluant l'autre joueur, gagne à tous les coups dans un mécanisme de répétition. A chaque instant, Poe insiste dans ces textes sur une confrontation entre la logique mathématique et la poésie. *La lettre volée,* si on sait la lire, est un traité sur l'affrontement entre deux arts poétiques. Il est de la plus grande importance que le ministre qui a dérobé la lettre soit mathématicien et poète; poète sans doute mauvais, c'est ce que Poe s'attache à démontrer à travers la mise en scène qu'il raconte, où Dupin est son délégué sur la scène de la mauvaise poésie, c'est-à-dire sur la scène de l'intrigue du pouvoir. Tel est, en effet, le raisonnement du préfet de police qui représente, dans ce récit, la raison scientifique. Le raisonnement du préfet de police qui n'arrive pas à découvrir la lettre volée, c'est que tous les fous sont poètes et que, donc, tous les poètes sont fous. Raisonnement où Poe dit que ce qui est omis, c'est le troisième terme, le terme médiat. Tous les fous sont poètes, tous les poètes sont fous. Mais, paradoxalement, ça implique que la police, dans son quadrillage de l'espace et sa conception de l'espace, et sa conception du langage dans l'espace, et sa conception du rapport entre l'œil et la parole dans l'espace et de la pensée dans l'espace, ça implique donc (tous les fous sont poètes, tous les poètes sont fous) que, bizarrement, le ministre aurait dû cacher sa lettre d'une façon ordinaire, *c'est-à-dire* dans une cachette exceptionnelle. Or, le ministre, qui, évidemment, n'est pas fou, donc n'est pas quelqu'un d'ordinaire – il faut bien saisir cette finesse du raisonnement de Poe –, a, comme vous le savez, retourné la lettre, retourné l'enveloppe de la lettre en évidence avec l'inversion suivante : la lettre qui était adressée à la reine était écrite d'une écriture hardie, décidée, caractérisée et elle portait le sceau, petit et rouge, aux armes du duc de S... Une fois retournée, l'écriture est devenue menue et féminine, très fine, et le sceau rouge est devenu noir et comporte le chiffre du ministre. Un sceau large et noir au lieu d'un sceau petit et rouge. Ce n'est pas tout. Pour observer l'espace où la lettre, retournée comme un gant, mise très en évidence, se trouve donc parfaitement cachée aux yeux de la science et de la police, Dupin, dit-il, met pour son entretien avec le ministre des lunettes vertes. J'insiste sur le fait que vous voyez apparaître la couleur dans cette affaire. Vous trouvez une question d'écriture, une question de sceau, une question de couleur. On n'a pas beaucoup insisté sur le fait que c'est aussi une question de couleur. Dupin met des lunettes. Des lunettes de quoi ? Des lunettes de couleur. Et il se conduit, lorsqu'il va rendre visite au ministre pour observer les lieux, de la façon suivante : il l'entraîne dans une discussion très vive et, derrière ses lunettes, il observe l'espace. Dissociant, par là, une activité de parole et un regard qui se dissimule derrière des lunettes de couleur, la solution lui vient, c'est-à-dire que la lettre se retourne sous ses yeux et qu'il est absolument sûr que c'est bien cette lettre qui substitue à une écriture hardie et décidée une menue écriture féminine et un petit sceau rouge à un large sceau noir, qui est bien celle qu'il recherche. La suite est suffisamment connue pour qu'on n'y insiste pas : il revient, il fait tirer un coup de feu dans la rue, il s'empare de la lettre et la remplace par un fac-similé, qui comporte les vers : « un dessein si funeste, s'il n'est digne d'Atrée est digne de Thyeste », c'est-à-dire un extrait de *L'Atrée* de Crébillon père, c'est-à-dire de la mauvaise poésie. Tout se passe comme si Poe voulait dire : il y a une mauvaise poésie qui est, par conséquent, ministrable – le ministre est mathématicien et poète, mauvais poète –, la circulation de la lettre entre instances de pouvoir, la circulation politique de la lettre est retournable... réduite à la figure d'un échiquier : le roi, la reine et le chevalier Dupin. C'est une partie d'échecs, mise en échec par quelqu'un qui se munit d'une logique plus puissante qui est celle de la réduction à un mouvement unique, une dissociation de l'œil et de la parole; de quelqu'un, donc, qui a étudié plutôt le jeu de pair et d'impair ou le jeu de dames. Cette circulation de la lettre politique est donc retournable, détournable, par une certaine conception de la mauvaise poésie, ça peut suffire au ministre pour que les passions impliquant une manipulation du pouvoir politique tombent entre ses mains. Il faut voir que Dupin, délégué d'Edgar Poe, retourne un retournement; il va faire un fac-similé de retournement. Bien entendu, il ne peut le faire que parce que Poe, lui, est un très grand poète. Je disais, pour commencer, que c'était un conflit entre deux arts poétiques, l'un qui se comprend dans une logique subordonnée à la science et au temps de l'histoire (donc, du pouvoir, etc.), et un autre art poétique qui, bien entendu, se paie le luxe de retourner ce retournement. Il n'est pas non plus indifférent que les vers que Dupin introduit dans l'enveloppe soient, dans un texte anglais, en français – une pièce banale de Crébillon, de la mauvaise poésie française – et que ça porte sur la famille des Atrides dans la mythologie grecque, comble de référence à la tragédie grecque, c'est-à-dire ce qu'on peut faire de plus fort dans la tragédie familiale refoulée, dans le cannibalisme familial. Et c'est comme ça que la tragédie grecque, et le mythe d'Œdipe lui-même, peuvent se terminer en vaudeville.

On peut penser que la limite de l'écrit est mathématique. Ça implique, d'une certaine façon, que la langue ou la parole ne peut pas aller jusqu'aux limites de l'écrit et que ces limites de l'écrit sont représentables uniquement selon une procédure spatiale de prescription mathématique. Ou bien on pense ce que je pense, c'est qu'il n'y a aucune raison qu'une limite d'écrit ne soit pas parlable, comme vous savez bien, c'est de la croyance au non-parlable que s'écrit la peinture et, pratiquement, tout ce qui peut se saisir comme phénomène dit artistique en parlant de l'espace, des surfaces, des couleurs. Qu'est-ce que les gens admirent dans la peinture ? C'est avant tout que c'est très loin de pouvoir être parlé par eux. Je dirai que c'est comparable au fait d'imaginer que tout ce qui peut se dire s'arrête devant l'écrit mathématique. Mais alors, c'est un autre bord. Il y aurait deux limites : une limite gestuelle, colorée, de volume, ce serait une limite de la parole; à partir de là on se tait et on reconnaît que c'est au-delà de la parole... et une autre limite, celle de l'inscription mathématique, aussi compliquée que vous voudrez, aussi complexement articulée que vous voudrez, mais que la langue ne saurait en aucun cas atteindre tout à fait. Ce qui m'a intéressé dans cette relecture de *La lettre volée* d'Edgar Poe, c'est qu'en un sens on y trouve, sous une forme rudimentaire, la question du calcul mathématique qui se pose toujours en dernière instance comme une théorie des jeux et, d'autre part, cette question de l'apparence esthétique rudimentaire de l'écriture, de la graphologie, du sceau. J'ai passé sur le retournement sexuel que ça métaphorise, l'écriture hardie à laquelle se substitue celle menue et féminine, le petit sceau rouge sur l'écriture hardie devenant le large sceau noir sur l'écriture féminine, vous voyez que là on pourrait gloser sur l'aspect sexuel de ces choses, qui n'a, à mon avis, pas plus d'intérêt que la graphologie. Les caractères sexuels secondaires ne sont pas plus intéressants que les questions de graphologie. C'est pourtant ça qui passionne les gens, savoir de quel graphisme est le sexe.

LOUIS CANE : Le seul fait que l'on rapporte sur le Christ et « l'Ecriture », c'est, me semble-t-il, saint Jean qui dit : « Et penché de nouveau, il écrivait sur la terre. »

PHILIPPE SOLLERS : Le Christ n'écrit pas? J'ai abordé ça dans mon « Dostoïevski[1] », c'est une séquence tout à fait explicite. Il s'agit d'une femme adultère. L'assemblée a saisi cette femme adultère et, selon la Loi, elle doit être lapidée. Selon la loi écrite. Le personnage qui s'appelle le Christ, en l'occurrence, devant l'assemblée qui veut juger une coupa-

1. *Dostoïevski, Freud, la roulette,* dans *Théorie des exceptions,* Gallimard, Folio, 1986.

ble, se met à écrire du doigt par terre. On ne sait pas quoi (mais en hébreu). Puis il s'adresse au tribunal spontané qui s'est formé selon la loi écrite, selon l'écrit formulé en loi, et il dit la formule fameuse : « Que celui qui n'a jamais péché lui jette la première pierre. » Après quoi il continue en silence à écrire du doigt par terre. On ne sait toujours pas quoi. Il relève la tête. Petit à petit, les uns après les autres, les gens sont partis. Ce qui signifie que devant la parole : « que celui qui n'a jamais péché lui jette la première pierre », personne n'a tenu le coup, que tout le monde a eu un péché qui lui est, comme ça, tout à coup revenu à la mémoire et que personne ne se sent capable de jeter la première pierre, qui entraînerait immédiatement toutes les autres; il suffit qu'il y ait quelqu'un qui commence, dans ces cas-là... Il se trouve en présence de cette femme adultère, il lui dit : « Comment cela, personne ne t'a condamnée? – Non. – Moi non plus. Va et ne pèche plus. » Evidemment, ça va plutôt loin. Cette mise en scène, à mon avis, est la suivante : voilà une femme qui échappe à la loi écrite sur un point particulièrement important. Autrement dit, elle vient de se révéler comme n'étant justement pas *la* femme. La loi, c'est *la* femme. Or, la femme n'existe pas. Il y en a *une* tout à coup. Et s'il y en a une, dans un groupe quelconque, dans une société quelconque, ça se sait immédiatement et ça n'est pas tolérable; non pas en tant qu'une femme aurait lieu, mais que cette « femme » fait surgir quelque chose qui n'est pas tolérable, à savoir une jouissance d'homme, hors la loi. Autrement dit, ça choque de tout son poids, le fantasme de « la femme ». Alors, ce que le Christ fait en écrivant par terre on ne sait pas quoi, c'est, d'une part, de dire qu'il écrit avec le doigt d'une façon impermanente, autrement dit que les écrits s'envolent... Tout ça, l'Ecriture, la loi, voilà ce que je vous en fais. Maintenant, si vous prenez ça à la lettre, libre à vous. Vous remarquerez que c'est extrêmement violent comme scène, parce que c'est une scène qui porte sur le fait qu'il y a, à travers la loi écrite condamnant une femme adultère, quelque chose qui touche à la reproduction de l'espèce; et que, par ce geste, le Christ, en repoussant le jugement, en le renvoyant, y compris en s'impliquant dans le fait qu'il renvoie le jugement dans lequel il s'inclut lui-même, renvoie en quelque sorte le farouche investissement de ce que j'appelle la mise en corps.

Je pense, d'une part, qu'il faut insister sur le fait qu'il s'agit d'un geste évanescent, dont il ne reste rien, et que ce geste consiste à montrer que l'écriture ne reste pas, que les corps se retirent, s'en vont... ayant renoncé à quoi, à tuer un corps, ce qui leur aurait permis de se sentir bel et bien justifiés d'être des corps. Les revoilà renvoyés au fait que rien ne s'est passé dans la transgression sexuelle.

Vous voyez bien comment la scène, qui est inépuisable à vrai dire, est construite. Une femme adultère. L'assemblée qui veut la lapider. Appel à l'inconscient de chacun. Les deux protagonistes restent face à face. La loi écrite est renvoyée. Les corps qui y adhèrent, comme ce que j'ai appelé des restes de reste, sont renvoyés aussi, et celui qui écrit de façon évanescente reste seul avec quelque chose qui n'a pas été dit... Il est là, dit-il, et c'est le grand paradoxe de cette affaire, pour accomplir l'Ecriture. Ça veut dire qu'accomplir l'Ecriture, c'est précisément, non pas l'effacer, mais...

L. C. : ... l'incarner?...

Ph. S. : Si quelqu'un n'était qu'écriture, il n'écrirait pas.

L. C. : Il y serait indifférent?

Ph. S. : Attention à bien saisir la dimension de la chose. Si quelqu'un n'était qu'écriture, il n'écrirait pas, mais d'une façon tout autre que les gens qui n'écrivent pas, mais qui investissent, en revanche, farouchement l'écriture. Parce que y être indifférent, on pourrait dire que tout le monde y est indifférent, tout le monde *apparemment. Apparemment,* les gens ne sont pas du tout concernés par cette affaire qui a l'air très compliquée, obscure. Mais ma certitude, c'est que personne ne s'en moque. Personne ne se moque qu'il y ait ici ou là une femme par qui vient d'arriver une jouissance d'homme. Et je pense que c'est important de souligner que c'est tout à fait exceptionnel que ça puisse se produire, contrairement à ce que croient les habitants de cette espèce qui passent leur temps à tripoter ça.

La peinture, donc, puisque c'est ça qui vous intéresse, je pense que c'est la continuation de la parole par d'autres moyens. Et les mathématiques aussi.

On peut avoir des dispositions pour les mathématiques, éventuellement pour le dessin et la peinture. Il n'y a jamais, rigoureusement jamais, de dispositions pour la littérature. Ça ne peut pas s'interpréter en termes de disposition, et c'est bien révélateur. Parce que ça ne relève pas de quelque chose qui est constatable au niveau de l'apprentissage humain. C'est ce qui peut séparer le don de la grâce.

C'est la question de savoir comment le corps tout entier, sans en excepter une partie, est mis en question par le langage. Jusqu'au point d'y disparaître. Je pense que c'est la parole qui, de temps en temps, peut s'écrire, le Verbe qui se trouve à la pointe où il n'y a plus de corps. Ou alors il y en a un autre, de corps. Ce qui ne peut pas être vrai de l'art ou du concept. Ce n'est pas une question de hiérarchie. Parce que ça n'implique pas cette disparition du corps, physique. Le concept est un formidable effort, les mathématiques aussi, pour faire comme si le corps n'existait pas ou était repris entièrement dans cette affaire. Je pense qu'on ne sort du corps que par la parole.

– Marc Devade : Donc la peinture serait du côté du réel...

Ph. S. : Je ne dirais pas ça. Le mot est trop vaste ou trop vague, par la même occasion, on peut y faire rentrer à peu près n'importe quoi. Ça a un poids, oui, qui touche au réel d'une façon telle que ça entraîne plus immédiatement la mort. Restons dans les Evangiles : quelqu'un parle et ça lui arrive quand même assez vite. Le moment où ça risque d'arriver à un mathématicien, le moment fou, comme dans le cas de Cantor, c'est une tout autre aventure, et le moment où ça peut arriver à un artiste est aussi une tout autre aventure. Je recharge exprès cette fonction de la parole.

M. D. : Cette fonction de la parole qui peut passer par l'écrit, qui peut être continuée par d'autres moyens comme la peinture...

L. C. : Une finalité de l'art ou de l'écrit...

Ph. S. : Je ne cherche pas la finalité. Je cherche à faire la différence.

La différence, elle est palpable d'elle-même, il s'ensuit des effets de fascination, de corporéité différents. Les gens accrochent de la peinture à leur mur pour s'excuser de ne pas pouvoir en parler.

M. D. : Ils accrochent aussi des bibliothèques. Il y a des gens qui sont aussi fascinés par la lecture...

Ph. S. : Je ne crois pas qu'on puisse appeler ça une fascination.

L. C. : L'écrivain reste dans la langue tandis que...

Ph. S. : Pourquoi dites-vous : il reste *dans*?

L. C. : Mon expérience propre me fait voir, me fait comprendre qu'à un certain moment je me détache de la langue, de la parole, de l'écriture; est-ce que l'écrivain peut se sentir également « déshomogénéisé » de ce lien cohésif?

Ph. S. : Mais bien sûr. Il fait d'autant plus question qu'il n'*est pas* dans la langue. Le peintre peut mettre en question l'espace entier de la perception visuelle, mais ce qui est sûr, c'est qu'il est dans la langue. Il y est mal, dans la langue (voyez les « poèmes » de Picasso). Ce qui est particulièrement intéressant parce que c'est ça qui le fait peindre. Tous les gens qui y sont bien, ou qui croient y être bien, peuvent être fascinés par quelqu'un qui, se sentant mal dans la langue, produit quelque chose qui a l'air de ne pas en être, de la langue. Mais les gens qui se croient bien dans la langue, s'ils sont placés devant de la langue qui n'est pas *dans* la langue, je vous assure que ça fait d'autres effets. L'écrivain n'est pas bien ou mal dans la langue, *il n'y est pas.*

L. C. : Et le mystique?...

Ph. S. : Si vous replacez toutes ces expériences sous le terme de mystique, ça ne va pas nous apprendre grand-chose. Il faut voir ça de plus près, comment ça se joue par rapport au langage, de quoi est-il question dans l'expérience mystique. Je vous assure qu'on va là repérer des choses qui sont tout à fait singulières, qui n'ont rien à voir avec l'art, ni avec la littérature, ni avec la poésie. L'expérience mystique n'est pas une expérience d'ordre esthétique ou poétique. Il ne faut pas tout confondre. Ce serait une charlatanerie éhontée, chaque fois qu'une expérience ne nous paraît pas comme les autres, de la déclarer mystique. Ce ne serait pas honnête pour les mystiques.

L. C. : Je parle de ce que vous vivez comme rapport à l'écriture ou à la langue, etc., en tant que sujet « exceptionnel ».

Ph. S. : A ce moment-là, on revient à moi, ce qui

est une autre question. Moi, ce n'est pas la même chose que la question en elle-même.

L. C. : Ce que vous dites, ça vient bien de vous... c'est vous qui le formulez...

Ph. S. : C'est vous qui dites que c'est moi qui le formule. Ça ne veut rien dire d'autre que la gêne devant ce qui est formulé.

16 mars 1978

DU MÊME AUTEUR

Aux Éditions Gallimard

FEMMES, *roman*

PORTRAIT DU JOUEUR, *roman*

THÉORIE DES EXCEPTIONS

PARADIS II

LE CŒUR ABSOLU, *roman*

LES SURPRISES DE FRAGONARD

LES FOLIES FRANÇAISES, *roman*

LE LYS D'OR, *roman*

LA FÊTE À VENISE, *roman*

Aux Éditions Quai Voltaire

SADE : CONTRE L'ÊTRE SUPRÊME

Aux Éditions Plon

CARNET DE NUIT

Aux Éditions de la Différence

DE KOONING, VITE

Aux Éditions 1900

PHOTOS LICENCIEUSES DE LA BELLE ÉPOQUE

Aux Éditions du Seuil

Romans :

UNE CURIEUSE SOLITUDE

LE PARC

NOMBRES

DRAME, L'Imaginaire/Gallimard

LOIS

H

PARADIS

Essais

L'INTERMÉDIAIRE

LOGIQUES

L'ÉCRITURE ET L'EXPÉRIENCE DES LIMITES

SUR LE MATÉRIALISME

Aux Éditions Grasset, collection Figures (1981) *et aux*

Éditions Denoël, collection Médiations

VISION À NEW YORK, *entretiens*

Préface à :

Paul Morand, NEW YORK, *GF Flammarion*

Impression Brodard et Taupin,
à La Flèche (Sarthe),
le 27 mars 1991.
Dépôt légal : mars 1991.
Numéro d'imprimeur : 6664D-5.

ISBN 2-07-032634-9 / Imprimé en France.

52043